ErlebnisWelt 1/2

Heimat- und Sachunterricht
für die Grundschule

erarbeitet von
Ulrike Egger, Dürrlauingen
Claudia Feldbauer, Passau
Maria Hallitzky, Neuburg/Inn
Monika Kollmaier, Passau
Karola Valdix, Neu-Ulm

sowie von
Susanne Dörfler, Bamberg
Frank Elseberg, Weißenhorn
Siegfried Herrmann, Innernzell-Schöfweg
Apollonia Prifling, Dillingen

illustriert von
Lisa Althaus
Jörg Hartmann
Gabriele Heinisch
Rita Mühlbauer
Petra Paffenholz
Wilfried Poll
Anke Schäfer

Oldenbourg Schulbuchverlag, München

Inhaltsverzeichnis

Wir sind Schulkinder

Miteinander leben

Mit Geld und Medien umgehen

Ich bin Amanda. Und das ist mein Freund Anton.

Wir wollen mit dir forschen, lernen und die Welt entdecken.

Eine Ausstellung machen

Ziel: anderen etwas vorstellen

Frage: Welches Thema wählen wir aus?

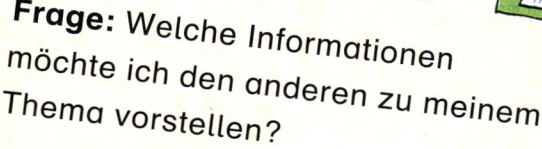

- Wir besprechen uns.
- Dann bestimmen wir das Thema.
- Wir gestalten Plakate / Kärtchen für Ausstellungsstücke / Tische / Raum, ...
- Am Schluss laden wir andere zu unserer Ausstellung ein.

Eine Wissenstruhe füllen

Ziel: mein Wissen zum Thema aufschreiben oder malen und weitere Fragen sammeln

Frage: Was weiß ich schon? Was möchte ich noch wissen?

- Ich schreibe oder male, was ich schon zum Thema weiß.
- Ich schreibe oder male, was ich noch wissen will.
- Ich bespreche mit den anderen, was ich geschrieben habe.

Ein Lernplakat erstellen

Ziel: anderen die Ergebnisse z. B. einer Gruppenarbeit oder eines Vortrags präsentieren

Frage: Welche Informationen möchte ich den anderen zu meinem Thema vorstellen?

- Ich sammle in Zeitschriften, Büchern, im Internet ... passende Materialien und schneide Bilder aus.
- Dann schreibe ich kurze Texte oder Überschriften.
- Ich suche mir eine Ordnung und lege die Bilder oder Texte auf das große Papier.
- Ich schreibe Überschriften und Zwischenüberschriften dazu.
- Am Schluss klebe ich alles auf.

> Weniger ist besser. Das Plakat sollte nicht zu voll sein.

Über eine Arbeit nachdenken und sie bewerten

Ziel: das Ergebnis einer Arbeit genau anschauen und, wenn nötig, verbessern

Frage: Bin ich mit meiner Arbeit zufrieden? Sollte ich etwas besser machen?

- Wenn ich fertig bin, schaue ich mir meine Arbeit in Ruhe an.
- Habe ich geschafft, was ich erreichen wollte? Habe ich alles beachtet?
- Fehler bessere ich aus.
- Am Schluss bewerte ich mein Ergebnis.

TIPP: Frage jemanden nach seiner Meinung.

Diese Neubearbeitung basiert auf der ersten Ausgabe des Werkes,
erarbeitet von Ulrike Egger, Claudia Feldbauer, Christine Häfele, Maria Hallitzky,
Sigrid Knöpfle, Monika Kollmaier, Karola Valdix.

Redaktion: Ute Busche, München
Illustration: Lisa Althaus, Jörg Hartmann, Gabriele Heinisch,
Rita Mühlbauer, Petra Paffenholz, Wilfried Poll, Anke Schäfer
Umschlagkonzept: Mendell & Oberer, München
Umschlaggestaltung: Lisa Neuhalfen, Berlin
Umschlagfoto: © gorillaimages – Shutterstock.com
Layout und technische Umsetzung: Lisa Neuhalfen, Berlin

www.cornelsen.de

Dieses Werk enthält Vorschläge und Anleitungen für Untersuchungen und
Experimente. Vor jedem Experiment sind mögliche Gefahrenquellen zu
besprechen. Beim Experimentieren sind die Richtlinien zur Sicherheit im
naturwissenschaftlichen Unterricht einzuhalten.

1. Auflage, 8. Druck 2024

Alle Drucke dieser Auflage sind inhaltlich unverändert
und können im Unterricht nebeneinander verwendet werden.

Druck und Bindung: Livonia Print, Riga

ISBN 978-3-637-01680-4
ISBN 978-3-637-02225-6 (E-Book)

PEFC zertifiziert
Dieses Produkt stammt aus nachhaltig
bewirtschafteten Wäldern und kontrollierten
Quellen.

www.pefc.de

PEFC/12-31-006

Gesunde Ernährung

Gesund sein und sich wohlfühlen

Tiere und Pflanzen in Wiese und Hecke

Zeit vergeht

Unterwegs

Überall arbeiten Menschen

Stoffe und Energie

Luft, Wasser, Wetter

Anton und Amanda

Wir sind eine Klasse

Das bin ich.
Ich heiße MIA
Ich bin 7 Jahre alt
LEA
MAXI

Bild

Computer

Buch

Regal

Tafel

$1 + 2 =$
$10 + 20 =$
$2 + 3 =$
$20 + 30 =$

HERBST

JENS

Tisch

OMAR

Schultasche

Sofa

suchen   ordnen   schreiben

sammeln   lesen   rechnen

lachen streiten grüßen

sich bewegen helfen aufräumen   9

Bei uns in der Schule

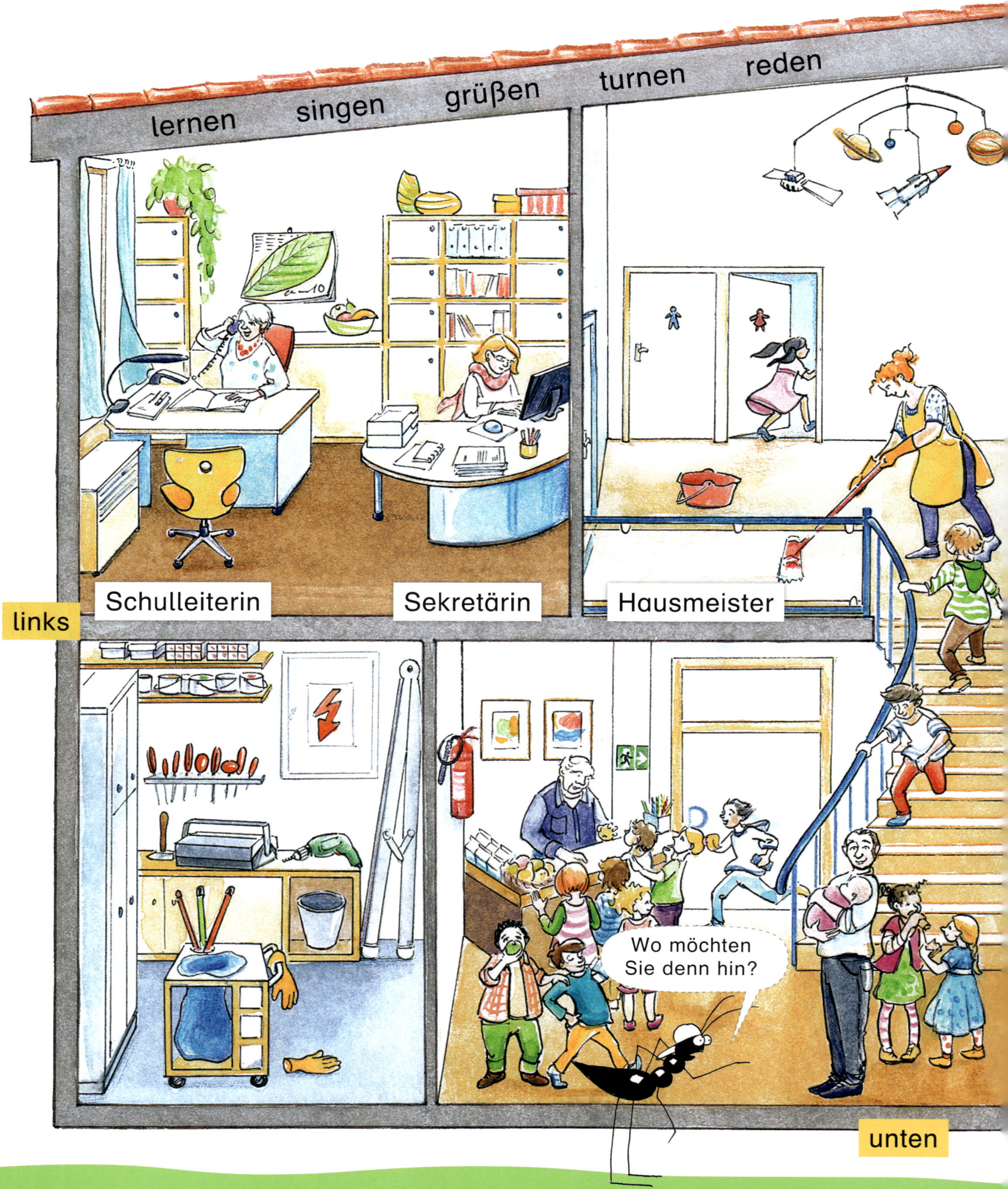

lernen   singen   grüßen   turnen   reden

links

Schulleiterin   Sekretärin   Hausmeister

Wo möchten
Sie denn hin?

unten

Büro   Turnhalle

10   Klassenzimmer   Hausmeisterraum

oben

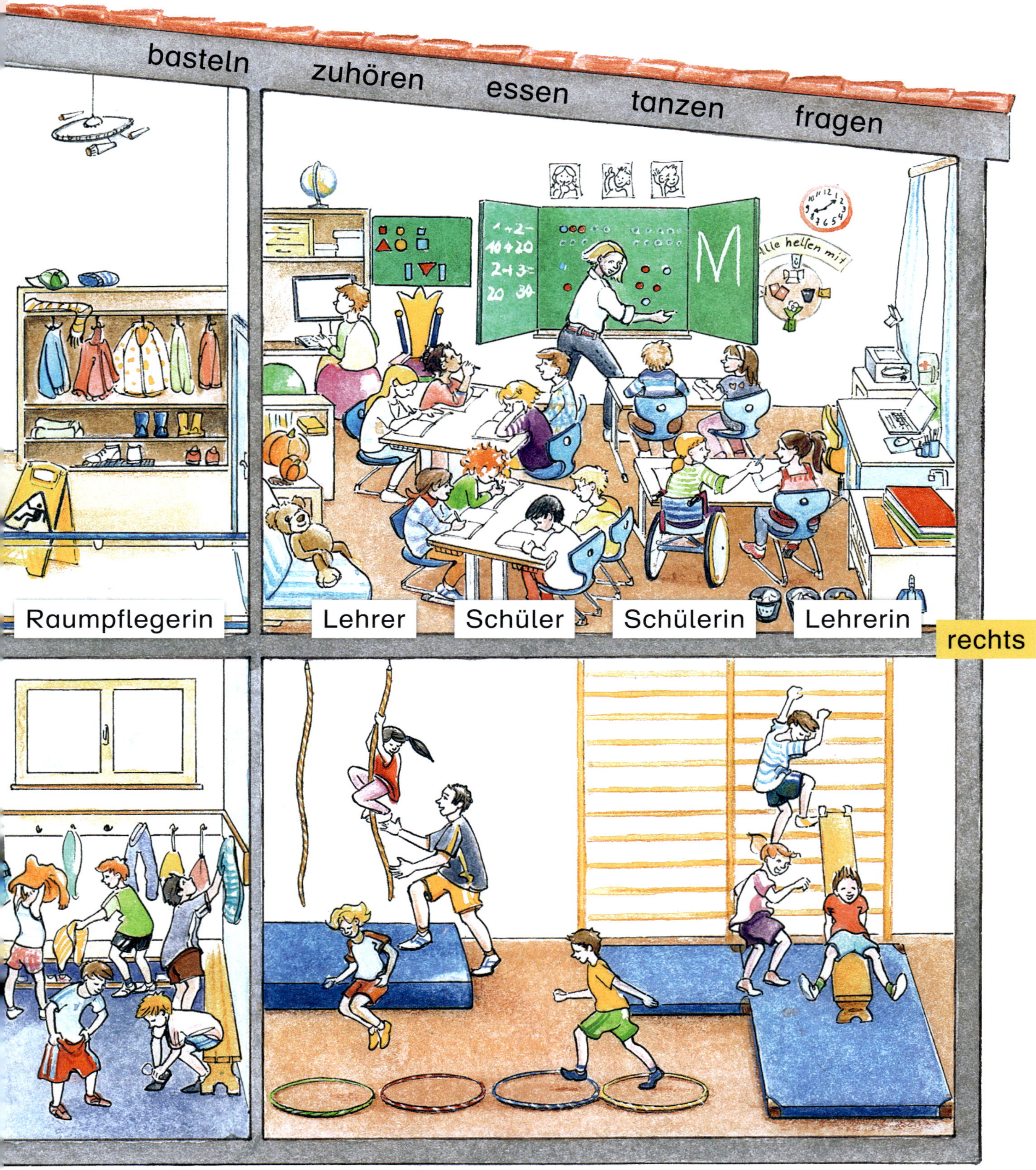

basteln   zuhören   essen   tanzen   fragen

Raumpflegerin   Lehrer   Schüler   Schülerin   Lehrerin

rechts

Garderobe   Toilette

Lehrerzimmer   Umkleideraum   11

Miteinander durch den Tag

Wie verhalten sich die Kinder?
Warum?

Guten Morgen,
Frau Busche!

Habt ihr in eurer Klasse
Regeln vereinbart?
Sind alle damit
einverstanden?

Ich höre zu.

Ich melde mich.

Ich bin nett.

Wie kannst du helfen?
Was macht einen Schultag
für dich besonders schön?

Sicher auf dem Schulweg

Zebrastreifen

Polizistin

Schülerlotse

Busfahrer

Ampel

Fußgängerweg

Wer hilft dir, sicher
zur Schule zu kommen?
Worauf musst du
besonders achten?

Unterführung

Nacheinander einsteigen.

Hinsetzen und sitzen bleiben oder festhalten.

Aussteigen und warten.

Warten, bis der Bus weg ist.
Erst dann die Straße überqueren.

Schau links – rechts – links, geh geradeaus,
dann kommst du sicher gut nach Haus.

Sehen und sichtbar sein

Wen sieht man gut?

Wer sieht das Auto?

Wen sehen die Autofahrer?

hell   **dunkel**   **rot**   **blau**   **gelb**   **grün**

sehen

Komm, ich nehm dich mit!

Hat Sophia sich richtig verhalten?

Kannst du das schon?

Zum Üben brauchst du ein Fahrrad, einen Roller oder Inlineskater.

Setze immer einen Helm auf.
Benutze auch Knie- und Ellbogenschützer.

schnell
fahren

einhändig
fahren

ausweichen

Wo darfst du üben?

Familien sind verschieden

Wer könnte hier als Familie zusammen leben?
Wähle für jedes Foto Personen
aus der Zeichnung aus.

Besprecht, warum ihr
so ausgewählt habt.

Schwester   Bruder   Sohn   Tochter

Mutter   Vater   Großvater   Großmutter

21

Familien leben verschieden

Jede Familie kocht, feiert, arbeitet, streitet,
spielt und lebt anders. Schau dir die Bilder an.
Was gefällt dir in diesen Familien?

Schlafzimmer   Bad   Kinderzimmer

     Küche   Wohnzimmer

Was brauchen
alle Familien?

Was magst du
in deiner Familie
besonders gern?
Wer ist für dich
wichtig?

Wie haben eure Eltern
als Kinder gelebt?
Wie haben eure Großeltern
als Kinder gelebt?
Befragt sie.

pflegen   spielen   schlafen

essen   feiern   kuscheln   23

Worauf freust
du dich?
Wer soll dabei sein?
Male ein Bild oder
schreibe auf.

Ich möchte ...

Wann kannst du selbst entscheiden?
Wann kannst du mitentscheiden?
Wann entscheiden deine Eltern?

mit dem Fahrrad zur Schule fahren

Lena besuchen

schaukeln

lange Haare

einen eigenen Fernseher

mehr Taschengeld

Anja und Tobi möchten ...

Anja und Tobi möchten unbedingt ein Haustier!

Welches Haustier passt zu mir?

Die Kinder überlegen:

Leider bin ich gegen Tierhaare allergisch.

Meine Eltern arbeiten. Erst abends sind wir alle zu Hause.

Wir haben einen großen Garten.

Meine Eltern wollen nicht viel Geld ausgeben für ein Haustier.

Wir wohnen in einem Hochhaus. Laute Tiere sind dort verboten.

Wer sich für ein Haustier entscheidet, muss vorher viel über dieses Tier wissen. Wo kannst du dich informieren?

Eine Katze für Karl

Karl und seine Familie wollen sich aus dem Tierheim eine Katze holen. Vorher kaufen sie in einer Tierhandlung, was die Katze braucht.

Was müssen sie einmalig anschaffen? Was muss immer wieder nachgekauft werden? Die Katze braucht auch etwas, das man nicht kaufen kann. Was könnte das sein?

Karl und seine Katze kommen gut miteinander aus.

streicheln

in Ruhe lassen

spielen

pflegen

Hände waschen

füttern

Welche Regeln für den Umgang mit Haustieren kennst du?

Tierschutzgesetz § 3
Es ist verboten, Tiere auszusetzen.

Katzenkorb   Katzenstreu   Katzenklo

Kratzbaum   Katzenfutter   27

Gefühle haben – Gefühle zeigen

Wie fühlst du dich heute?
Wie geht es den anderen? Sprecht darüber und
gestaltet ein Gefühlsbarometer.

Wenn ich wütend bin,
dann knall ich die Tür
zu und dreh meine CD
auf volle Lautstärke.

Lisa

Ich fühle mich
BÄRENSTARK!

beleidigt   einsam   ängstlich   verliebt

Streit und Wut im Bauch

Wut gehört genauso zu unseren Gefühlen
wie Freude und Angst.
Sie zeigt sich auf verschiedene Weise.

Ich lenke mich ab und versuche, an etwas
Anderes zu denken.

Ich halte mir die Ohren zu.

Ich stopfe etwas zu essen in mich hinein.

Ich schreie Menschen an,
die nichts dafür können.

Ich muss etwas in die Ecke werfen.

Ich schlucke den Ärger hinunter und fresse ihn damit in mich hinein.

Ich fange fast an zu weinen.

Ich zeige meine Wut nicht und lache.

Ich platze vor Wut.

Vorsicht!
Mit meinen Worten ...

... suche ich Streit.

... lasse ich anderen keine Wahl.

... tue ich anderen weh.

Ich sage freundlich ...

... was mich stört.

... was ich fühle.

... was ich mir von dir wünsche.

Was machst du, wenn du wütend bist?

sich beherrschen   weinen   reizen

31

Mit Streit und Wut umgehen – aber wie?

Probleme gibt es jeden Tag und überall.
Ein Problem kann jede schwierige Situation oder ein Streit sein,
den man nicht lösen kann.
Oft entsteht daraus Gewalt, weil man dabei die Fäuste oder
böse Wörter benutzt.

Mittagessen in der Schule. Max holt sich etwas zu trinken.
Als er wiederkommt, sitzt Alex auf seinem Platz.

Was sagt Max?

Vorsicht!
Mit meinen Worten ...
... suche ich Streit.

... lasse ich anderen keine Wahl.

... tue ich anderen weh.

„Wenn du nicht gleich weggehst, werfe ich dich vom Stuhl herunter. Du Vollidiot!"

Ich sage freundlich ...

... was mich stört.

... was ich fühle.

... was ich mir von dir wünsche.

„Steh bitte auf. Ich bin auf dem Stuhl gesessen."

„Ich möchte nicht, dass du da sitzt. Es ärgert mich."

„Suche dir bitte einen anderen Platz, weil ich weiter mit Sina reden möchte."

Mein Körper zeigt mir meine Gefühle.

 Ich achte auf meinen Körper,
wenn ich wütend bin.
Wie fühlt er sich an?
Wird es mir heiß?
Klopft mein Herz?
Bin ich angespannt?

Wenn ich weiß, wie mein Körper reagiert, bin ich nicht überrascht.
Ich kann mich darauf einstellen.

Es gibt viele Dinge, die ich tun kann,
um mich zu beruhigen.

 Ich kann den Wutball drücken,
quetschen oder auf den Boden werfen.

 Ich hole dreimal tief Luft.

 Ich zähle langsam von zehn rückwärts.

 Ich denke an etwas Schönes.

 Ich sage zu mir selbst: Bleib ganz ruhig!

Worüber streiten
die beiden Kinder
auf dem Foto?
Löse den Streit
in freundlicher
Sprache.

Ich beruhige mich
am besten in der
Hängematte.

Ich sage
freundlich ...

... was mich stört.

... was ich fühle.

... was ich mir
von dir wünsche.

Angst hat jeder

Angst haben wir oft und immer wieder.
Manchmal ist die Angst
klein und kribbelig,
manchmal aber auch riesengroß.
Wovor hast du Angst?

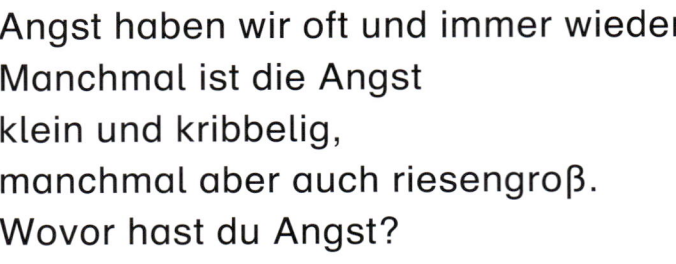

Angst haben alle, nicht nur Kinder,
auch Erwachsene und sogar Tiere.
Man braucht aber Mut dazu, die Angst zuzugeben.
Feige ist nicht der, der Angst hat.
Feige ist der, der es nicht zugeben kann.

Gewitter   Monster   Schläge   alleine sein   Keller

Tiere   Spinnen   Zahnarzt   Dunkelheit

Nein sagen

Spielt nach.
Wie kannst du Nein sagen?

Sich wohlfühlen ...

In unserer Klasse leben und lernen viele verschiedene Kinder
gemeinsam. Wir müssen jeden Tag gut miteinander auskommen.
Sonst macht die Schule keinen Spaß.
Auch das Lernen wird dann sehr anstrengend.

Wichtig ist: Sag dem anderen,
was du an ihm magst
oder was er gut kann.

Toll, dass du soviel über die Wiese weißt.

Schön fand ich, dass du mir deine Stifte ausgeliehen hast.

Ich hab mich gefreut, dass du in der Pause mit mir gespielt hast.

Danke, dass du mir beim Rechnen geholfen hast.

Ich finde, dass du ganz toll malen kannst.

Du bist ein super Sportler.

Geld verdienen

Du brauchst Hefte für die Schule. Du möchtest ein Kuscheltier.
Du machst am Wochenende einen Ausflug in den Freizeitpark.
Deine Schuhe sind dir zu klein geworden.
All das kostet Geld.
Hast du dir schon einmal überlegt, wo es herkommt?

Wenn die Schule aus ist, reinigen Putzfrauen unsere Klassenzimmer.

Herr Dübel repariert Waschmaschinen.

Herr Braun ist Hausmeister an unserer Schule.

Meine Mutter arbeitet als Ärztin auch nachts.

Mein Vater arbeitet in einem Büro.

Bei unserem Schulfest haben wir 200 Euro eingenommen.

Jeden Morgen trägt unsere Nachbarin die Zeitung aus.

Geldschein   Münze   Euro   €   Cent   Ct

Geld ausgeben

Unsere Wohnung kostet viel Geld.

Ich möchte unbedingt das neue Stickeralbum.

Mutter gibt mir 3 Euro, damit muss ich Brot kaufen gehen.

Wie viel Geld brauche ich für drei Kugeln Eis?

Reicht mein Taschengeld für das Computerspiel?

Zu meinem Geburtstag wünsche ich mir die tollen Schuhe, die jetzt alle haben.

Das Auto muss schon wieder repariert werden.

Ich möchte reiten, aber meine Mama sagt, es ist zu teuer.

Sabine hat ihr Pausengeld vergessen. Ich leihe ihr 50 Cent.

Wofür gibst du dein Taschengeld aus?

Was würdest du dir gerne kaufen? Was brauchst du unbedingt?

Male oder schreibe auf. Gestaltet in der Gruppe ein Plakat.

Taschengeld   sparen

Ich wünsche mir, dass …

Ich wünsche mir einen Freund.
Alex

Ich wünsche mir, dass ich fliegen kann.
Martin

Ich wünsche mir, dass ich zu meinem Geburtstag ein Aquarium kriege.
Florin

Ich wünsche mir, dass ich schneller rechnen kann. Anna
23+9   35-8

Ich wünsche mir, dass meine Schwester netter zu mir ist. Steffanie

Viele Wünsche kannst du dir mit Geld erfüllen:
Legos, neue Spiele, Sticker und, und, und ...
Es gibt aber auch Wünsche,
die man nicht mit Geld bezahlen kann.

Was wäre, wenn jeder Wunsch
sofort in Erfüllung gehen würde?

Ich wünsche mir, dass meine Oma wieder gesund wird.
Lukas

Ich wünsche mir, dass ich blaue Augen bekomme.
Evi

Ich wünsche mir, dass ich stark werde.
Lars

Ich wünsche mir, dass wir in den Urlaub fahren.
Max

Ich wünsche mir, dass ich zu meinem Papa darf.
Carolin

Was wünschst du dir?
Schreibe und male.

41

Medien – was ist denn das?

Wenn wir
Radio hören,
telefonieren,
fernsehen oder
ein Buch lesen,
dann nutzen wir Medien.
Das tun wir auch, wenn wir
im Internet surfen
oder eine Email schreiben.
Wir sind durch die Medien
mit anderen verbunden
und tauschen Informationen aus.

Das Wort Medien kommt
aus der lateinischen Sprache
und bedeutet: Vermittler.

Liebe Omi,
hier ist es toll. Ich bin im Meer
geschwommen und Tretboot gefahren.
Deine Anna

Hi, hast du meine letzte Nachricht
gelesen? Die Fotos kannst du dir
ausdrucken, sind ganz gut geworden.
Michi

Komme später. Mach
dir keine Sorgen. Bussi

Was gehört zusammen?
Ordne die Texte den Bildern zu.
Besprich dich dabei mit deinem Partner.

Telefon oder Handy   Computer oder Laptop

Brief oder Postkarte

Ja, hallo, ich bin's. Ich wollte dich fragen, ob wir zusammen schwimmen gehen. Hast du Zeit?

Gestern Abend ist in Offenhausen ein PKW auf trockener Fahrbahn ins Schleudern gekommen und raste in ein Wohnhaus. Die Rettungskräfte der Feuerwehr konnten den 35jährigen Fahrer unverletzt aus dem Fahrzeug bergen.

Der Wecker klingelt. Rrrr macht er laut: rrrrr.
Katrin schlüpft aus dem Bett und läuft zu ihrer Schwester hinüber.
»Aufstehen«, flüstert sie und rüttelt Steffi an den Schultern. »Steffi, aufstehen! Es ist Muttertag.«

Hallo bei logo! Hier gibt's jetzt Nachrichten extra für euch. Darum geht es: Ausgebrochen! Der Vulkan in Japan, Gold im Speerwerfen, die Geburt des kleinen Eisbären im Nürnberger Zoo.

Welche Medien benutzt du?
Erzähle und begründe.

Fernseher   Buch   Zeitung   Zeitschrift

 # Medien nutzen

Tim will in der Schule ein Referat halten. Als Thema hat er Fußball ausgewählt. Nun sucht er nach wichtigen Informationen. Außerdem möchte er ein Plakat gestalten.

Verschiedene Medien helfen ihm dabei.

Es gibt besondere Internetseiten, auf denen sich Kinder informieren können. Weißt du, wie du sie findest? Frage nach.

Am Computer schreibt Tim Überschriften und kurze Informationstexte, die er auf das Plakat klebt.

Im Internet sucht Tim nach Fotos von der Europa-Fußballmeisterschaft.

Im Radio hört er sich am Wochenende die Spielberichte des Fußballreporters an. Die Ergebnisse der Spiele notiert er auf einem Stichwortzettel. Er will sie beim Referat vorlesen.

Fußball

FC LINDENBURG

Hier spiele ich mit.

Spielfeld

Trikot

Medien   Informationen   Internet   nachlesen

Ich bin gespannt, was meine Klasse zu dem Plakat sagt.

DAS WILL ICH WISSEN
Fußball
Sklenitzka · Bayer

Die wichtigsten Fußballregeln liest er in einem Sachbuch nach und schreibt sie heraus.

Dieses Bild war in unserer Zeitung.

Auch von seinem Lieblingsspieler hat er ein Bild gefunden und mit dem Drucker ausgedruckt.

Stollenschuhe

Sind Fußballexperten auch Medien?

Gute Frage!

Welches Thema stellst du vor?

Drucker   Referat   gestalten   Plakat

Obst und Gemüse

Melone	 Banane	 Erdbeere	 Mandarine
 Birne	 Kiwi	 Apfel	 Kirsche
 Brombeere	 Pfirsich	 Weintraube	 Aprikose
 Zwetschge	 Johannisbeere	 Zitrone	 Stachelbeere
 Himbeere	 Ananas	 Pflaume	 Orange

Du willst wissen, woher das Obst und Gemüse kommt.
Wo kannst du dich informieren?
Sprich mit den anderen darüber.

Mein Obst gibt es bei uns und in anderen Ländern.

Mein Obst wird nur in südlichen Ländern angebaut.

Mein Obst wächst nur in Ländern, in denen es sehr heiß ist.

Kartoffel

Gurke

Endiviensalat

Tomate

Weißkohl

Karotte

Erbse

Rettich

Rosenkohl

Bohne

Zwiebel

Paprika

Rote Bete

Lauch

Spinat

Kohlrabi

Zucchini

Spargel

Radieschen

Aubergine

Blätter
essbarer
Teil

— Wurzel

Blätter

Wurzel
essbarer Teil

Früchte
essbarer
Teil

— Wurzel

Stängel
essbarer
Teil

Wurzel

Blattgemüse

Wurzelgemüse

Fruchtgemüse

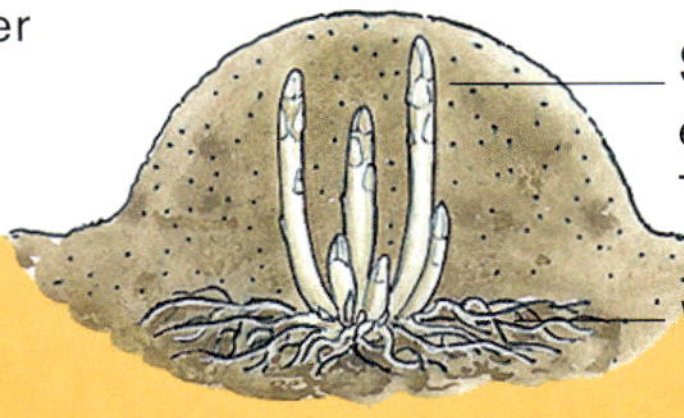

Stängelgemüse

47

Wann wird Obst und Gemüse bei uns reif?

Obst und Gemüse, das man frisch ernten kann, schmeckt besonders gut. Wenn es bei uns in der Region wächst und geerntet wird, muss es nicht weit transportiert werden. Das ist umweltfreundlich. Erkundigt euch, wann Obst und Gemüse bei uns frisch in die Läden und auf den Markt kommen.

Juni
Radieschen
Erdbeeren
Kartoffeln

Mai
Radieschen
Erdbeeren

April

Karotten sind sehr gesund. Viele Menschen mögen Karotten. Auch Babys und Kleinkinder essen sie als Brei. Wenn du genau darauf achtest, merkst du, dass sie ein ganz kleines bisschen süß schmecken. Karotten kannst du roh oder gekocht essen.

März

Radieschen sind außen rot und innen weiß. Im Gewächshaus kann man sie das ganze Jahr über anbauen und ernten.

Februar

Januar

Ich habe an Weihnachten mal einen Erdbeerkuchen gegessen.

Komisch. Wo kommen die dann her?

Dezember

ernten   Freiland   einlagern   Region   Markt

Lauch kannst du fast
das ganze Jahr über kaufen.
Der Lauch wird auch
Porree genannt.

Äpfel gibt es fast auf der ganzen Welt.
Ab August werden sie bei uns geerntet.
In Deutschland gibt es
1500 verschiedene Sorten.
Im Supermarkt kannst du nur
wenige Sorten kaufen.

Juli

Radieschen
Erdbeeren
Himbeeren
Kartoffeln

Äpfel kannst du einlagern.
Was kannst du aus ihnen machen?
Besprich dich mit deinem Partner.
Schreibt einen Stichwortzettel.

August

Radieschen
Himbeeren
Kartoffeln
Äpfel
Karotten

Bei uns gibt es viele Sorten
von **Beeren**, zum Beispiel
Erdbeeren, **Himbeeren** und
Brombeeren. Wenn sie reif sind,
schmecken sie süß und lecker.
Welche Beeren hast du
selbst schon gepflückt?
Welche isst du am liebsten?
Schreibe einen Steckbrief
zu deiner Lieblingsbeere.

September

Radieschen
Himbeeren
Kartoffeln
Äpfel
Karotten

Kartoffeln wachsen bis
Oktober.
Im dunklen, kühlen Keller
halten sie sehr lange.
Du kannst sie dort einlagern.
Wo kauft ihr Kartoffeln?

Oktober

Radieschen
Himbeeren
Kartoffeln
Äpfel
Karotten

November

Äpfel

---

umweltfreundlich   Sorten   frisch   Gewächshaus

Wie hältst du dich fit?

Essen und trinken sind wichtig.
Aber nicht nur, weil du Hunger hast und
satt werden willst. Du willst wachsen.
Du willst dich bewegen, mit deinen Freunden spielen
und in der Schule gut lernen. Deshalb musst du
besonders darauf achten, was du isst.

Wichtig ist, dass du dich vielseitig ernährst.
Du darfst nicht immer nur das Gleiche essen.

Außerdem solltest du jeden Tag mindestens
einen Liter trinken, das sind fünf große Gläser.
Denn ohne Wasser kannst du
nur wenige Tage überleben. Wasser ist
unser wichtigstes Lebensmittel.

Was isst und trinkst
du jeden Tag?

Aufstehen! Setzen! Immer wieder
mit dem Po geht's auf und nieder.

Mal links, mal rechts mit jedem Fuß
gibt's für den Stuhlrand einen Gruß.

Ich stütz mich auf die Lehne auf
und starte einen Dauerlauf.

Davon sollst du wenig essen und trinken.

Süßes, fette Snacks

Fette und Öle

Das sollst du dir in Maßen schmecken lassen.

Lebensmittel aus Milch, Fleisch, Fisch, Wurst, Eier

Daran kannst du dich satt essen.

Gemüse und Obst

Brot, Getreide, Reis, Nudeln

Getränke

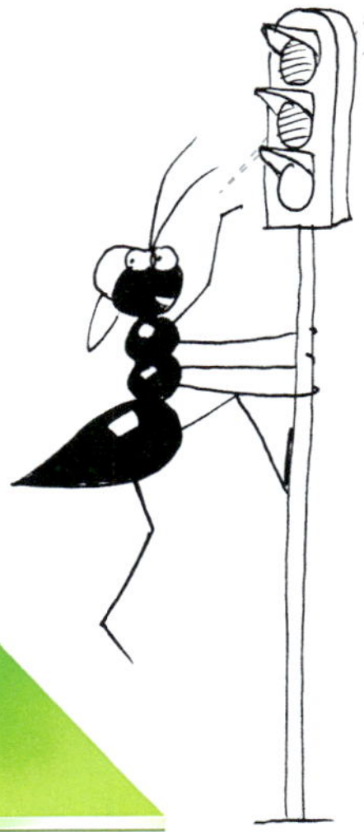

Grün hat immer Vorfahrt bei der Auswahl der Lebensmittel.

Erst links herum, dann rechts, lauf mit,
das macht dich zwischendurch schnell fit.

Mein Kopf liegt jetzt auf meinem Tisch,
ich ruh kurz aus, dann bin ich frisch.

Hildegard Albermann

Auf den Rand stütz ich die Hände,
fahre Fahrrad ohne Ende.

Was steckt in einem Apfel?

Wassertest

Ein Apfel fühlt sich fest an.
Dennoch besteht er zum größten Teil aus Wasser.
So machst du das Wasser sichtbar:

  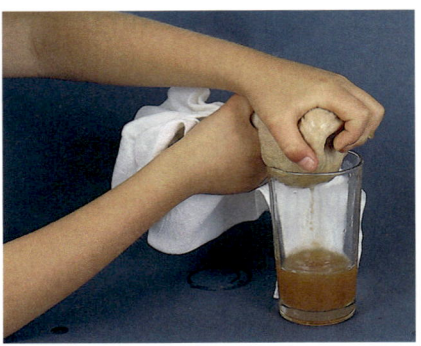

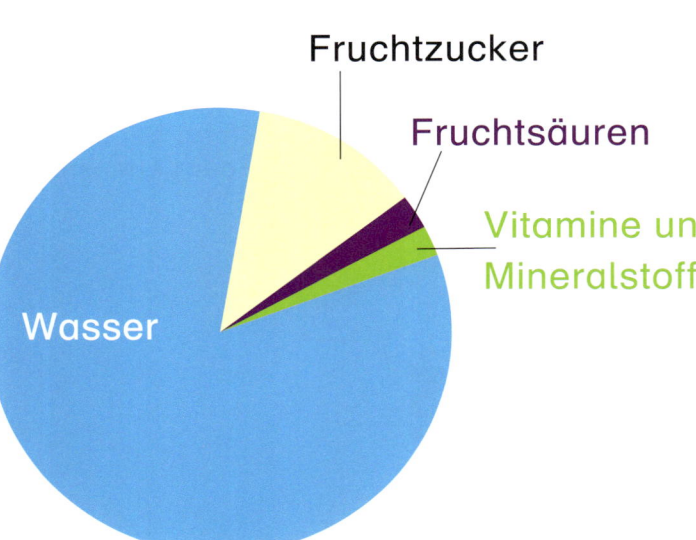

Fruchtzucker
Fruchtsäuren
Vitamine und Mineralstoffe
Wasser

Ein Apfel enthält auch viele Vitamine. Diese brauchst du, um gesund und fit zu bleiben.

In welchen Lebensmitteln steckt
– am meisten Wasser?
– am wenigsten Wasser?
Betrachte das Schaubild und finde es heraus.

Apfel
Erdbeere
Gurke
Kartoffel-Chips
Milchschokolade
Brot
Semmel
Butter
Öl

Heute hab ich noch nicht viel getrunken, ich nehm jetzt noch 'nen Schluck Apfel.

Was, 'nen Apfel trinken?

Dem Zucker auf der Spur

Zucker versteckt sich in vielen Sachen, die du isst.
Dass in Schokolade Zucker steckt, ist dir sicher klar,
denn sie schmeckt süß. Aber weißt du auch,
dass Ketschup viel Zucker enthält?

1 Nusshörnchen
versteckt
13 Würfel

1 Glas
Nussnougat-Creme
versteckt
96 Würfel

1 Tafel Milch-
schokolade
versteckt
23 Würfel

1 Glas Eistee
versteckt
5 Würfel

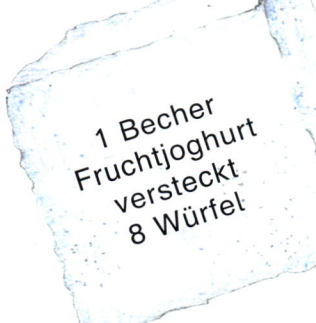

1 Becher
Fruchtjoghurt
versteckt
8 Würfel

1 Schüsselchen
Knusperflakes
versteckt
12 Würfel

In welchen Lebensmitteln
versteckt sich noch Zucker?
Tipp: Lies die Hinweise
auf Verpackungen.

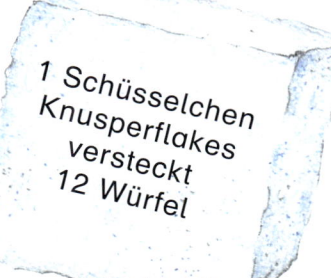

Leckere Pausenbrote für jeden Tag ...

Dein Pausenbrot soll gesund
und abwechslungsreich sein.

Dazu gehört jeden Tag:
— ein belegtes Brot
— ein Stück Obst oder Gemüse
— ein Getränk

Was soll in deine Pausenbox?
Die Seite 50/51 hilft dir.

Lustige-Laune-Gesichter

Paprikaschiff

Gurkendampfer

 Guten Appetit!    Bon proveito!    Afiyet olsun!    Dobrou chut'!

... und für das Klassenfrühstück

> Die Haare habe ich selbst gesät.

So könnt ihr einen Kräuterquark herstellen:

Ihr braucht:
1 Becher Quark
3 Esslöffel Schmand, etwas Milch
Gemüse und Kräuter nach Wunsch
Salz und Pfeffer

Werkzeug:
Küchenmesser
Schere
Schneidebrett
2 Schüsseln
Gabel

 Vielleicht etwas Milch dazu rühren.

 Gemüse und Kräuter in eine Schüssel geben und verrühren.

 Mit Salz und Pfeffer abschmecken.

 Gemüse in kleine Ringe, Würfel oder Scheiben schneiden.

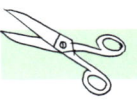 In einer zweiten Schüssel Quark und Schmand mit der Gabel mischen.

 Kräuter mit der Schere klein schneiden.

 Kräuter und Gemüse dazu schütten und verrühren.

 Gemüse und Kräuter waschen.

> So ein Durcheinander. Da muss ich erst ordnen.

 **Buon appetito!**  **¡Que aproveche!**  **Smaklig måltid!**

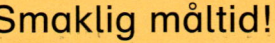

Ich kann ...

sehen   fühlen   genießen   musizieren   bauen

entspannen

Ich

Ich kann rennen,
tanzen, springen,
kann ein Lied
mit sieben Strophen
singen.

Ich kann weinen
und kann lachen,
kann Handstand und
ein bisschen Salto
machen.

Ich kann verstehen,
was du meinst,
kann dich trösten,
wenn du
weinst.

Ich kann dir
Pfannekuchen backen.
Und wenn du müde bist,
dann kraul ich deinen
Nacken.
Anne Steinwart

Was kannst du besonders gut?
Schreibe oder male.

denken   lachen
streicheln   ausruhen

Ich kann riechen und schmecken

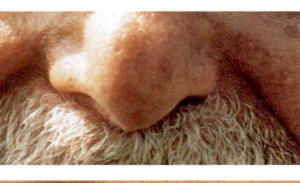
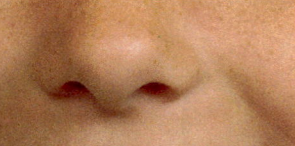

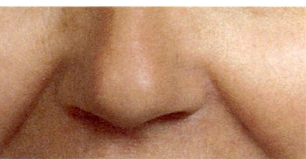
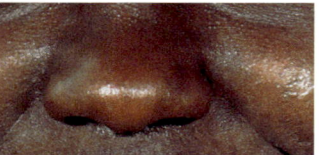

Wir wollen unsere Lieblingsgerüche in der Klasse sammeln. Geht das?

Sprecht mit den anderen darüber und findet Möglichkeiten.

Mia hat Schnupfen. Ob ihr heute das Pausenbrot so schmeckt wie sonst?

Paul probiert es aus.

	süß	sauer	bitter	salzig
Zitrone				
Apfel				

Hier riecht's nach Feuer!

Nase   Zunge   riechen   stinken   duften

Ich kann sehen

Wie gut kannst du sehen?

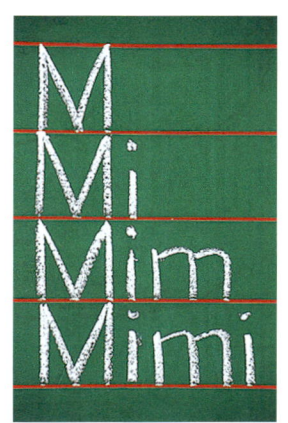

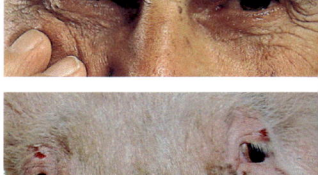
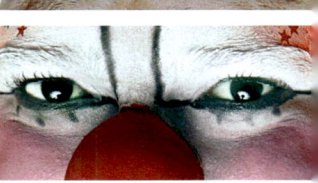

Brauchst du auch eine Brille?

Probiere aus: Was macht dein Auge, wenn …

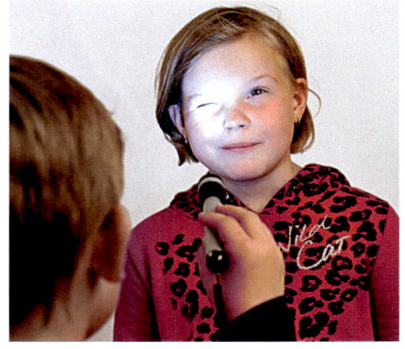

Augen   sehen   Brille   scharf   unscharf

Ich kann tasten und fühlen

Maxi tastet die erhabenen
Punkte ab und liest die
Buchstaben mit den Fingern.
Er ist blind.

 M

 A

 spitz

stumpf

warm

kalt

Läufst du manchmal barfuß?
Auch draußen?
Ist das angenehm?

weich

hart

rau

glatt

	hart	weich	spitz	rau
 Gras				
Steine				

Hand   Fuß   Haut   fühlen   tasten

Ich kann hören

In der Klasse hörst du jeden Tag
verschiedene Geräusche:
Ein Stift fällt herunter.
Ein Kind schreibt etwas an die Tafel.
Erkennt ihr die Geräusche auch
mit geschlossenen Augen?
Könnt ihr sie unterscheiden?
Spielt ein Geräuschequiz.

hoch

fern

leise

laut   nah    tief

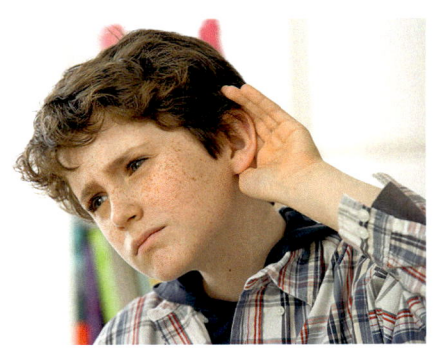

Unsere Ohren können wir nicht verschließen.
Sie hören jedes Geräusch um uns herum.
Auch vor Gefahren warnen sie uns.

Ohr   hören   Geräusch   Töne   Lärm   schwerhörig

61

Ich bin ich – kennst du mich?

Ich erzähle dir etwas von mir

Ich heiße

Tom

So sehe ich aus:

Mein Geburtstag ist am _30. Juli_

Mein Sternzeichen ist _Löwe_

Am liebsten spiele ich _draußen_

Das mag ich an mir: _Ich bin lustig._

Und das gefällt mir nicht so gut an mir: _meine Nase_

Ich kann besonders gut _Handstand_

Gute Laune habe ich, wenn _die Sonne scheint._

Ich ärgere mich, _wenn Mama schimpft._

 Ich wäre gern …    Ich mache mir Sorgen über …   Mein Lieblingsplatz ist …

 Ich esse am liebsten …    Ich werde wütend, wenn …

Das bin ich

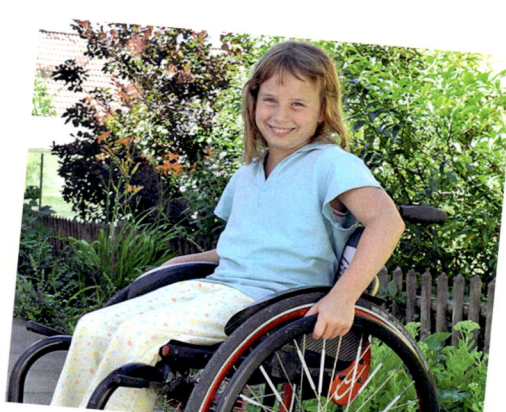

Leonie

Ich finde, ich *spiele gut Hockey.*

Mama findet, ich *bin sehr höflich.*

Papa findet, ich *kann gut kochen.*

Meine Freundin / mein Freund findet, ich bin

ein toller Kumpel.

Mein(e) *Oma* findet, ich bin

schnell beleidigt

Ich-Kiste

 Am besten geht es mir, wenn …   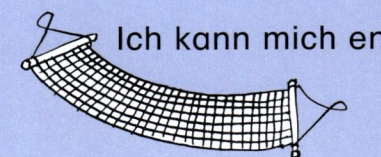 Meine Lieblingsfarbe ist …

Mein Lieblingsbuch ist …   Ich kann mich entspannen, wenn …

Bewegung macht Spaß

Was kannst du besonders gut?
Was macht dir am meisten Spaß?
Was möchtest du gern können?

werfen   kriechen   laufen   springen   klettern

Gesundheits-Rock

Text und Musik: L. Maierhofer

Ref.: Schu-bi— du-a, o. k., o. k., schu-bi— du-a, ja ich ver-steh!

Rei-hen-wei-se klu-ge Leu - te,— de-nen ich nie glau-ben woll-te,—

in die-sem Fall, da hab'n sie recht, *(klatschen)* es ist nicht schlecht! *(klatschen)*

1. Wie zum Bei-spiel das Zäh-ne-put - zen,— ja, ich weiß, es ist doch von Nut - zen,—

schu-bi— du-a, o. k., es g'hört zum G'sund-heits-A-B - C!—

2. Ein gesundes Frühstück essen,
   ja, das soll man nicht vergessen,
   schubidua …,

3. Volles Korn und Vitamine,
   damit ich dem Körper diene, schubidua …,

4. Zwischendurch nur wenig naschen,
   öfter mal die Hände waschen, schubidua …,

5. Zwei Mal jährlich zum Zahnarzt gehen,
   den Termin nicht übersehen,
   schubidua …,

6. Gehen, laufen, sich bewegen,
   Geist und Körper woll'n sich regen,
   schubidua, …

So hältst du dich gesund:

Viel Obst und Gemüse essen … …und nicht so oft Süßigkeiten. Viel trinken … …viel rumtoben … …viel Spaß beim Spielen haben … …und lange schlafen!

Doris Rübel

Ausruhen und schlafen

Bist du ein „Frühaufsteher" oder ein „Morgenmuffel"?
Ganz egal! Beim Schlafen erholen sich
Körper und Geist. Das ist genauso wichtig wie
essen und trinken.

Wusstest du,
dass du schlecht schlafen kannst,
wenn du viel Zeit vor dem Computer
oder Fernseher verbracht hast?
Die vielen Bilder lassen dein Gehirn
nicht zur Ruhe kommen.
Du schläfst auch schlecht, wenn du
vor etwas Angst hast oder dir
Sorgen machst.

Wusstest du,
dass Schlaf die beste Medizin ist?
Wenn du krank bist, schläfst du besonders viel.
Das hilft dir, schneller gesund zu werden.

Wusstest du,
dass manche Kinder „Schlafwandler" sind?
Obwohl sie schlafen, stehen sie auf und gehen herum.
Sie antworten sogar auf Fragen. Man sollte sie nicht
wecken, sondern einfach zurück ins Bett führen.

Ruhe und Stille
sind erholsam
für deine Ohren.

sich erholen   träumen

Wusstest du,

dass Fische beim Schlafen ihre Augen nicht zumachen?
Darum können wir im Aquarium nicht genau erkennen,
ob die Fische ruhen oder schlafen.
Vielleicht wollen sie einfach gerade nicht
herumschwimmen.

Wusstest du,

dass beinahe jedes Kind ein Kuscheltier hat?
Ob Ente, Hase, Tiger oder Bär –
ein Kuscheltier ist zum Schmusen, Knuddeln
und Einschlafen ganz wichtig.

Welches Kuscheltier tröstet dich?
Warum ist es dir so wichtig?
Erzähle, male oder schreibe auf.

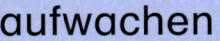

aufwachen   liegen

Schau mal, meine Zähne!

Dein Gebiss verändert sich.

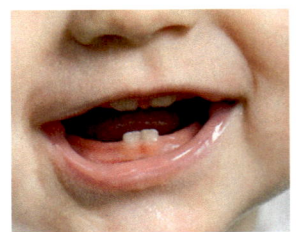 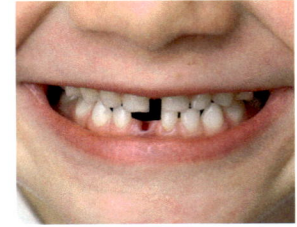 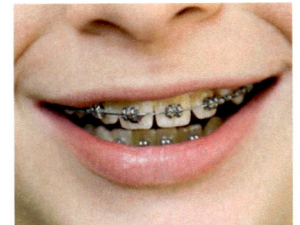 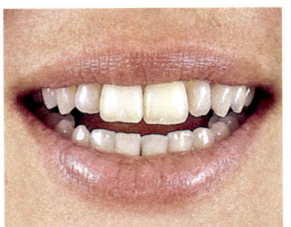

Milchzähne   Bleibende Zähne

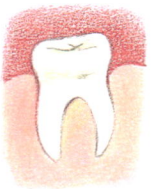  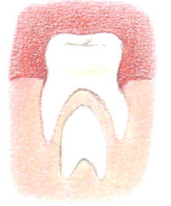 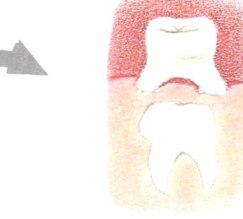  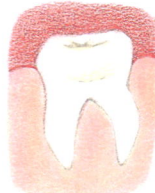

Ein neuer Zahn kommt.

Wie viele Zähne hast du?

Was passiert, wenn Essensreste zwischen den Zähnen bleiben?

So putzt du deine Zähne richtig

Zähneputzen immer von rot nach weiß!

 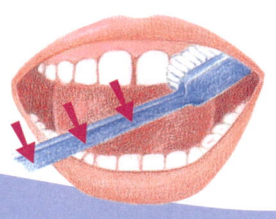 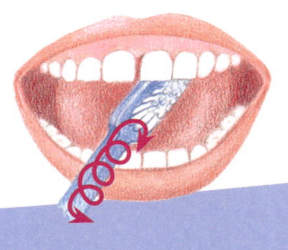 

Schneidezähne
brauchen wir zum Abbeißen.

Eckzähne
brauchen wir zum Abbeißen.

Backenzähne
brauchen wir zum Kauen.

Gründliches
Zähneputzen
dauert immer
drei Minuten!

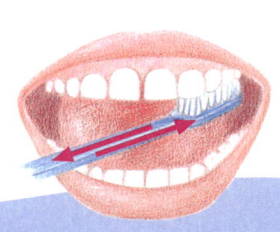

Morgens, abends,
nach dem Essen
Zähneputzen
nicht vergessen!

Lass deine Zähne
zweimal im Jahr
vom Zahnarzt
nachschauen!

Wie siehst du denn aus?

Wann könnten Erwachsene oder Freunde das zu dir sagen?
Ordne die Sprechblasen den Bildern zu und begründe.
Besprich dich mit deinem Partner.
Suche weitere Beispiele.

Waschen wir heute deine Haare?

Creme dich ein, du musst auf deine Haut aufpassen.

Geh bitte duschen.

Hast du deine Zähne geputzt?

Nach dem Klogehn, vor dem Essen, Hände waschen nicht vergessen!

Wir waschen und pflegen uns,
damit wir uns gut fühlen und gesund bleiben.
Tägliche Körperpflege muss sein,
auch wenn wir manchmal keine Lust dazu haben.

sich waschen   duschen   eincremen

70   baden   einseifen

Igitt! Wie schauen deine Fingernägel aus?

Deine Fußnägel müssen wir noch schneiden.

Hast du dir schon frische Sachen angezogen?

Wisch dir bitte den Mund ab.

Hast du dir die Hände gewaschen?

Heute hab ich mir geschworen:
Nie mehr wasch ich meine Ohren,
auch den Hals nicht und den Po,
denn wer mich liebt, liebt mich auch so.

Angela Sommer-Bodenburg

Nägel schneiden   Haare waschen   sich umziehen

Rate mal! Schau genau!

Leg dich in eine Wiese.
Höre, rieche und fühle.

Grünes
Heupferd

Marienkäfer

Gänseblümchen

Wiesen-Fuchs-
schwanz

Löwenzahn

Regenwurm

Tagpfauenauge

Hahnenfuß

Schnirkel-
schnecke

Schaumzikade

73

In der Wiese ist was los

Wildpflanzen sehen unterschiedlich aus.
Sie haben aber alle die gleichen Teile.

Blüte

Stängel

Blatt

Wurzel

Macht eine Ausstellung zur Wiese.
Wie kannst du Blumen und Gräser haltbar machen?

Ackerhummel

Wiesen-
Glockenblume

Roter
Wiesenklee

Zittergras

Kleiner Fuchs

Spitzwegeric

In den Blüten wachsen
die Samen heran.
Sie dienen der Vermehrung.

Durch den Stängel werden
Wasser und Nährstoffe
in alle Pflanzenteile geleitet.

In den Blättern werden
Nährstoffe erzeugt.
Die Pflanze braucht sie
zum Leben.

Die Wurzeln saugen Wasser
und Nährsalze aus der Erde.
Außerdem verankern sie
die Pflanze fest im Boden.

Wer hat hier sein
Haus verloren?

Honigbiene

Wiesen-
Sauerampfer

Feldgrille

Maulwurf

Garten-
kreuzspinne

Margerite

Gänse-
blümchen

Bist du ein Pflanzenkenner?

Pflanze

Name: Schlüsselblume
                   (Primula)

Blütezeit: April – Mai

Blüte:

Blatt:

Besonderes:
Die **Schlüsselblume** nennt man auch Himmelschlüssel oder Wiesenprimel. Sie wird etwa 10 cm hoch. Ihre Pflanzenteile haben heilende Wirkung. Du darfst sie **nicht pflücken!** Sie ist sehr selten und deshalb **streng geschützt**.

Pflanze

Name: Hahnenfuß
                   (Ranuncula)

Blütezeit: Mai – August

Blüte:

Blatt:

Besonderes:
Der **Hahnenfuß** kann bis zu 100 cm (1 Meter) hoch wachsen. Kühe fressen ihn nicht, weil er ein scharf schmeckendes Gift enthält. Im getrockneten Heu verliert die Pflanze ihre Giftigkeit. Achtung, der **giftige Saft** kann die Haut **reizen**.

Stelle weitere
Blumenrätsel her.

Wer bin ich?
Achtung –
ich bin giftig.

Wer bin ich?
In meinem
Namen ist ein
Tier versteckt.

Wer bin ich?
Mich darfst
du nicht
pflücken, ich
bin geschützt.

Der Löwenzahn – ein Überlebenskünstler

Den Löwenzahn findest du überall. Schau dich um.
Wie kommt es, dass er an so vielen Orten
wachsen kann?
Finde heraus, wie sich der Löwenzahn
an seine Umgebung anpasst.

Dieser Löwenzahn wächst auf einer Wiese, die häufig gemäht wird.

Oft wächst der Löwenzahn zwischen sehr hohen Gräsern.

Manchmal regnet es lange nicht.

Es regnet.

Lieber kleiner Löwenzahn,
ich schaue dich so gerne an.
So viele Sonnen vor dem Haus,
ich suche mir die schönste aus.

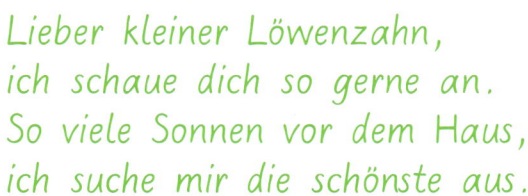

Lieber kleiner Löwenzahn,
ich schaue dich so gerne an.
Deine Schirmchen schweben fort,
bald wächst du am anderen Ort.

Verfasser unbekannt

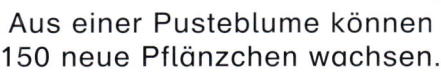

Aus einer Pusteblume können
150 neue Pflänzchen wachsen.

Aus Samen werden Pflanzen

Viele Pflanzen bilden Samen, um sich zu vermehren.

Zuerst müssen die Samen keimen.
Mit Bohnen kannst du das selbst ausprobieren.

Du brauchst:

– Bohnen
– Gläser
– Fließpapier
– Wasser

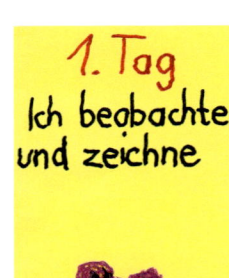

1. Tag

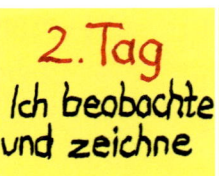

1. Tag
Ich beobachte und zeichne

2. Tag
Ich beobachte und zeichne

3. Tag

Was brauchen die Keimlinge, um zu wachsen?
In einem Versuch könnt ihr das selbst prüfen.

Ihr braucht:

– 4 Bohnenkeimlinge
– 4 Blumentöpfe
– Erde
– Wasser
– hellen und
  dunklen Stellplatz

Vermutet, was passiert.
Beobachtet. Zeichnet
oder schreibt auf.

Licht   Erde   Wasser   Luft   Wärme

Pflanzen haben ganz unterschiedliche Tricks, sich zu verbreiten.

Löwenzahn

Die Samen fliegen
wie Fallschirme.

**Luft und Wind
verbreiten
die Samen.**

Ahorn

Die Samen fliegen
wie Propeller. Probiere aus.

Holunder

Die Samen werden
gefressen und ausgeschieden.

**Tiere verbreiten
die Samen.**

Klette

Die Samen hängen sich
an das Fell von Tieren,
aber auch an deinen Pulli.

Erdbeere

An langen Trieben über dem
Boden wachsen junge Pflanzen.

**Die Pflanzen
bilden
Ausläufer.**

Kriech-Quecke

An langen Trieben unter der
Erde wachsen junge Pflanzen.

Aha!
Die Erfindungen
sind abgeschaut!

Gut ausgestattet für das Leben in der Luft

Der Schmetterling ist für sein Leben auf der Wiese oder in der Hecke gut angepasst. Er ist leicht und klein. Mit seinen großen Flügeln kann er von Blüte zu Blüte fliegen. Entdecke noch mehr.

Das **Auge** eines Schmetterlings besteht aus vielen Einzelaugen. Wenn sich etwas bewegt, sieht er das sofort.

Das Muster auf den **Flügeln** entsteht durch winzige Schuppen. Sie sind innen hohl und mit Luft gefüllt. So kann der Schmetterling besser fliegen.

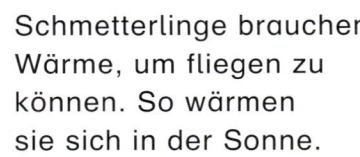

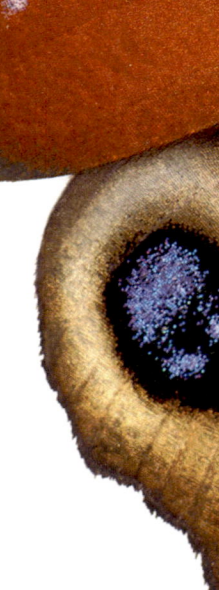

Schmetterlinge brauchen Wärme, um fliegen zu können. So wärmen sie sich in der Sonne.

Ein Schmetterling steckt seinen **Saugrüssel** wie einen Strohhalm in die Blüte und trinkt den Nektar.

So breit ist das Tagpfauenauge in Wirklichkeit.

So breit ist der größte Schmetterling, der Eulenfalter aus Südamerika.

Zum Schlafen setzen sich
Schmetterlinge auf ein Blatt
oder einen Grashalm.

Bei **Regen** klappt
der Schmetterling seine
Flügel zu. Er sieht dann aus
wie ein braunes Blatt
einer Pflanze.

Verwandlung vom Ei zum Schmetterling

Eier

Raupe

Puppe

Mit seinen **Fühlern**
kann der Schmetterling
den Duft der Blüten
riechen.

Die **Brennnessel** ist
für das Tagpfauenauge
lebensnotwendig.
Der Schmetterling legt
dort seine Eier ab.
Aus den Eiern schlüpfen
Raupen. Sie fressen
die Blätter und
wachsen.

Schmetterling

Wusstest du, dass das Tagpfauenauge
gern in feuchten Höhlen und Kellern
überwintert?

Oh Schreck!
Wenn das Tagpfauenauge seine Flügel ausbreitet,
zeigen sich riesige Augen. Das erschreckt seine **Feinde**.

Fühler   Saugrüssel   Flügel   Augen

Gut ausgestattet für das Leben unter der Erde

An großen Erdhügeln auf der Wiese erkennst du, dass dort ein Maulwurf lebt.
Er verlässt nur selten seinen unterirdischen Bau.
Wie schafft es der Maulwurf, unter der Erde zu leben?

Körper ⬭

Schau die Bilder genau an.

Der Maulwurf gräbt lange Gänge und Höhlen unter der Erde.
In den engen Gängen muss er sich schnell vorwärts und rückwärts bewegen.
Wusstest du, dass sich der Maulwurf mit einem Purzelbaum im Gang umdrehen kann?

Kopf mit
Augen und Ohren △

Die Augen des Maulwurfs sind klein und versteckt. Er kann nur hell und dunkel erkennen. Der Maulwurf kann seine Beute nur riechen, hören und spüren.
Welche Körperteile helfen dem Maulwurf, seine Beute zu finden?

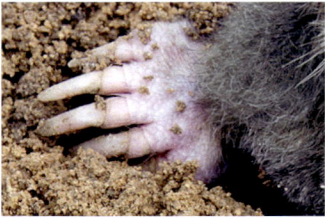

Vorderfuß

Nase mit Tasthaaren

In Gärten und Wiesen stören die Erdhügel oft.
Man darf den Maulwurf aber nicht fangen oder töten.

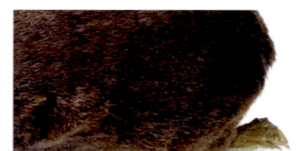

Schwanz
mit Tasthaaren

Kann der Schmetterling auch unter der Erde leben?

spitz   walzenförmig   schaufelförmig

82   hart   kurz

Alle finden Nahrung auf der Wiese

Auf der Wiese wachsen und blühen Gräser, Kräuter und
Blütenpflanzen dicht beisammen. Viele Tiere leben hier.
Sie finden auf der Wiese Unterschlupf und Nahrung.
Sie ernähren sich von Pflanzen oder fressen andere Tiere.

Was frisst …

… die Amsel?   … der Regenwurm?   die Schnecke?   … der Schmetterling?
Und der Maulwurf?

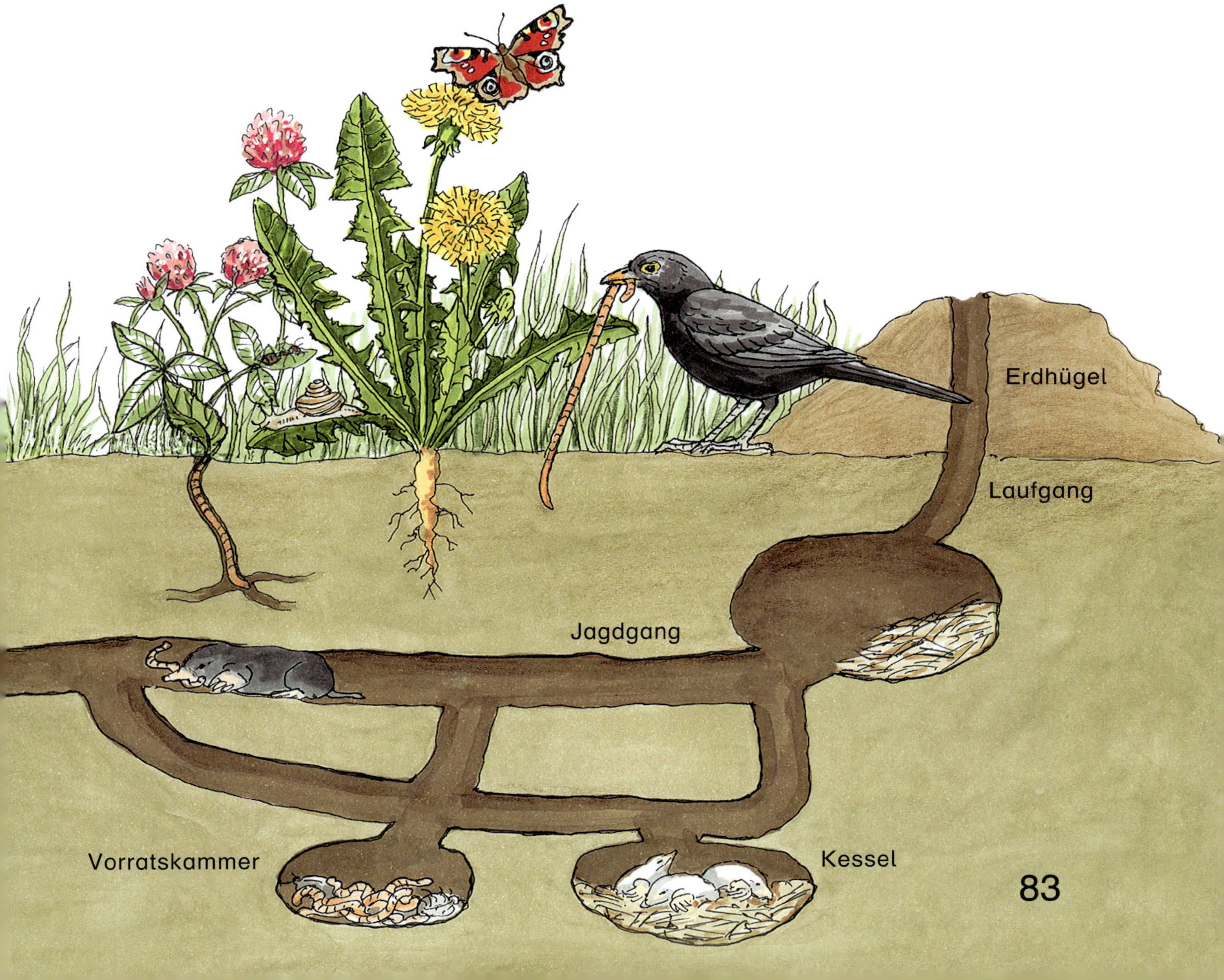

Erdhügel

Laufgang

Jagdgang

Vorratskammer

Kessel

83

Der Apfelbaum – eine Nutzpflanze

Der Apfelbaum ist im **Frühling** besonders schön. Seine vielen **Blüten** locken die Bienen aus dem Bienenstock.

Wenn die Biene in eine **Blüte** krabbelt, bleibt an ihren Hinterbeinen gelber **Pollen** hängen.

Beim Flug von Blüte zu Blüte bleiben immer einige **Pollen** an der nächsten Blüte zurück. So werden die Blüten **befruchtet**.

Im **Sommer** wachsen aus den befruchteten Blüten kleine **Früchte** heran.

Im **Herbst** sind die **Äpfel reif** und werden geerntet. Frisch vom Baum schmecken sie besonders gut.

Viele Apfelsorten halten sich bis in den Winter, wenn sie gut gelagert werden.

Apfelkuchen   Apfelsaft   Apfelkompott   Apfelgelee

Apfelchips   Bratäpfel

Die Biene – ein Nutztier

Die **Bienen** sind für uns Menschen sehr nützlich. Sie sorgen dafür, dass wir im Herbst Obst ernten können, und sie liefern uns Honig.

Mit ihrem Saugrüssel holen sich die Bienen den Nektar vom Grund der Apfelblüten.

Aus **Nektar** erzeugen die Bienen **Honig**. Sie füllen ihn als Vorrat in die Waben.

Der **Imker** nimmt den Bienen einen Teil des Honigs weg. Die Bienen bekommen dafür Zuckerwasser.

Wenn Bienen sich bedroht fühlen, stechen sie. Der Imker verhält sich sehr ruhig.

Wir freuen uns über den leckeren und gesunden Honig.

Menschen ziehen besser Schuhe an, wenn sie über die Wiese laufen.

Wissens-truhe

Kräutertee
Ziehzeit:
8–10 Minuten

Pflanzen

Schlüsselblumen sind streng geschützt. Nicht pflücken!

Wie

Wofür ist die Wiese gut? Erzähle und schreibe auf.

Tiere

se

Welche Ideen habt ihr? Sammelt und gestaltet.

87

So viel Leben in der Hecke

In einer Hecke wachsen Pflanzen dicht nebeneinander.
Menschen und große Tiere können kaum durchschlüpfen.
Viele kleine Tiere finden dort Nahrung, Wohnraum und Schutz.

Entdeckst du die Tiere auf dem Bild?

Der **Neuntöter** frisst Beeren, Insekten und Käfer. Seine Beute spießt er als Vorrat an Dornen von Sträuchern auf.

Wenn es warm ist, kann sich die **Zauneidechse** schnell bewegen. So fängt sie Käfer, Spinnen oder Heuschrecken.

Die **Waldmaus** kann gut laufen und klettern. Sie hüpft wie ein Känguru auf den Hinterbeinen und springt bis zu 80 cm weit.

Interessantes über den Schmetterling
findest du auf Seite 80.

Die **Weinbergschnecke** trägt ihre Augen auf zwei Fühlern. Bei Gefahr kann sie sich ganz in ihr Haus zurückziehen.

Der **Goldlaufkäfer** jagt Insekten, Raupen und Schnecken. Gern frisst er auch Pilze. Er kann etwa zwei Jahre alt werden.

Die **Kreuzspinne** kann ihr Netz bis zu 50 cm groß spinnen. Die klebrigen Fäden halten Fliegen und andere Insekten fest.

Kennst du diese Sträucher?

Sträucher wachsen nicht so hoch wie Bäume. Sie haben keinen Stamm.
An Blatt, Blüte oder Frucht kannst du Sträucher erkennen.
Das nennt man **Pflanzen bestimmen**.

Strauch	Blatt	Blüte
 Brombeere		
 Schwarzer Holunder		
 Schlehdorn		
 Liguster		

Welche Sträucher gibt es auf eurem
Schulgelände oder im Schulgarten?
Kennst du sie?

Früchte, die
ich nicht sicher
kenne, esse
ich auf gar
keinen Fall!

Frucht	Wissenswertes

Frische **Brombeeren** schmecken lecker!
Man kann sie zu Marmelade und Saft verarbeiten.
Ihre Blätter helfen gegen Durchfall.

Holunderblüten ergeben einen Tee,
der gut gegen Erkältung hilft.
Aus reifen **Holunderbeeren** kann Saft, Sirup oder
Marmelade hergestellt werden.
Roh darfst du die Beeren nicht essen.

Die **Schlehe** ist ein wichtiger Strauch für Tiere.
Im Frühling holen sich viele Schmetterlinge
aus den Blüten Nektar. Im Winter dienen die Beeren
vielen Vögeln als Nahrung. Auch wir Menschen
nutzen die Beeren für Marmelade und Saft.

Vorsicht! Die **Beeren des Ligusters**
enthalten ein Gift, das zu Erbrechen,
Krämpfen und Durchfall führt.

Zu welchen Sträuchern gehören
diese Blüten? Betrachte genau,
vergleiche und bestimme ihre Namen.

Der Igel

Abends wird er wach und geht nachts auf Jagd. Mit seinen rundlichen Ohren kann er sehr gut hören.

Am Tag schläft der Igel. Er kann mit seinen kleinen schwarzen Augen nicht besonders gut sehen.

Der Igel hat eine spitze Schnauze, mit der er den Boden durchwühlt. Er kann sehr gut riechen. Seine feuchte Nase leitet ihn bei der Futtersuche.

Mit seinen 36 scharfen Zähnen kann er sogar Schneckenhäuser aufknacken.

Der erwachsene Igel wird bis zu 30 cm lang. Typisch für ihn ist sein Stachelkleid. Es besteht aus 6000 – 8000 Stacheln.

Vier kurze, dicke Beine helfen ihm im Laub und im Boden herumzuscharren. Wenn er es eilig hat, kann er auch ganz schnell rennen.

Auf dem Speiseplan des Igels stehen Würmer, Käfer, Schnecken, Frösche, Mäuse, Früchte und sogar Schlangen.

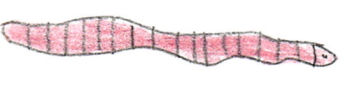

Name   Aussehen   Nahrung

Zu den Feinden des Igels gehören der Fuchs, das Wiesel, der Hund, Raubvögel und das Auto.

In Gärten, Hecken und am Waldrand lebt der Igel. Hier baut er sich aus Moos, Heu und Blättern ein weiches Nest.

Das Stachelkleid schützt den Igel gut vor seinen natürlichen Feinden. Bei Gefahr rollt er sich zu einer Kugel zusammen. So schläft er auch.

Das Igelweibchen bringt ein- oder zweimal im Jahr 3 – 6 Junge zur Welt. Sie sind anfangs blind und haben weiche Stacheln.

Bis zum Winter muss jeder Igel viel fressen, um dick und fett zu werden. Wenn es dann kalt wird, gräbt er sich eine tiefe Erdmulde und polstert sie weich aus. Hier hält er seinen Winterschlaf. Er atmet langsamer, braucht keine Nahrung und zehrt von seiner Speckschicht. So übersteht er die kalte und nahrungslose Zeit. Erst im Frühling erwacht er aus seinem tiefen Schlaf.

Gestalte ein Plakat zu einem anderen Tier der Hecke.

Lebensraum   Feinde   Besonderheiten

Die Jahreszeiten in der Natur

Suche einen Baum,
einen Strauch oder ein Stück Wiese.
Beobachte in den Jahreszeiten,
was sich verändert.

SOMMER

Fotografiere, male oder
schreibe auf, wie sich
die Natur verändert. Gestalte
ein Jahreszeitenbuch.

HERBST

So vergeht ein Jahr

Winter ▶

Dezember

November

Oktober

September

Herbst ▶

August

Juli

Anna Huber

Welche Feste und Bräuche
gibt es bei euch?
Gestaltet einen Jahreskreis.

Ostern   Heilige Drei Könige   Allerheiligen

Januar

Februar

Frühling ▶

März

April

Mai

Juni

◀ Sommer

Weihnachten   Ramadan-Fest   97

So vergeht ein Tag

Spure Tag und Nacht
mit dem Finger nach und
erzähle.
Wie sieht dein Tag aus?

Klasse 1A

Mittag

11

Vormittag

10

Vormittag

9

Vormittag

8

Morgen

7

Morgen

12

Nacht

Nacht

23

22

Nacht

21

20

Nacht

19

Aben

6

vorher   jetzt   nachher   früher

98   später   gestern   heute   morgen

Mittag

13

Mittag

14

24

Nacht

Nachmittag

1

Nacht

2

Nacht

15

3

Nachmittag

16

Nacht

4

Nacht

Nachmittag

5

Nacht

17

Nacht

Abend

18

Was machst du die ganze Woche?
Schreibe oder male ein
Wochentagebuch.

Montag   Dienstag   Mittwoch   Donnerstag
                    Freitag   Samstag   Sonntag

Freie Zeit – Zeit für mich

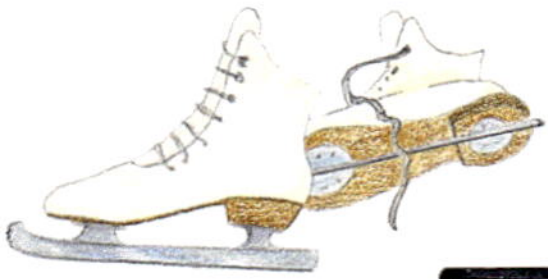
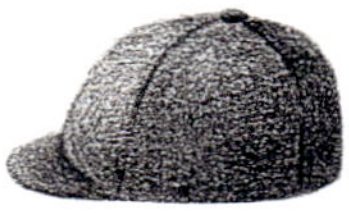
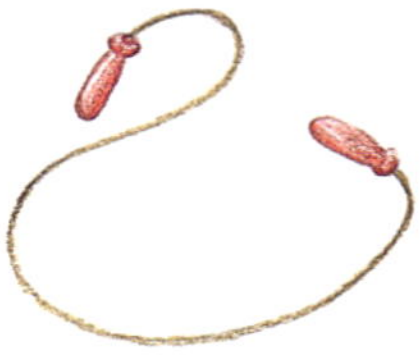
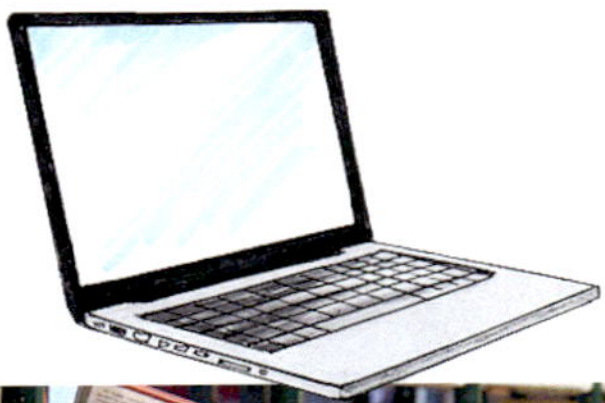
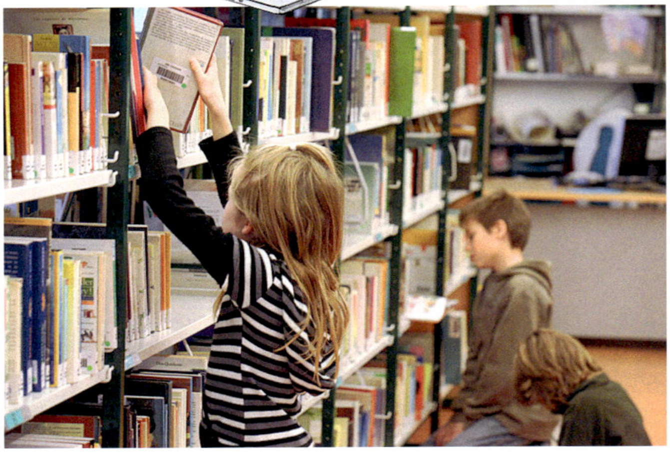
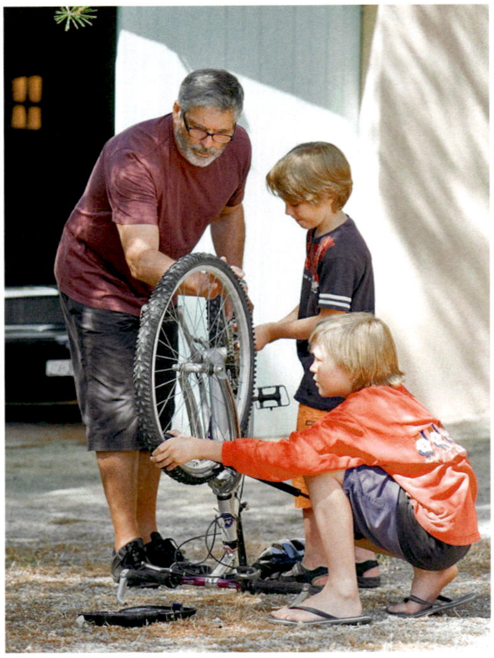
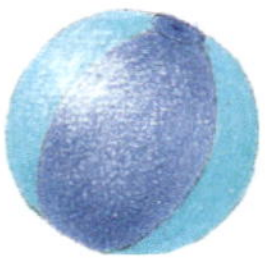
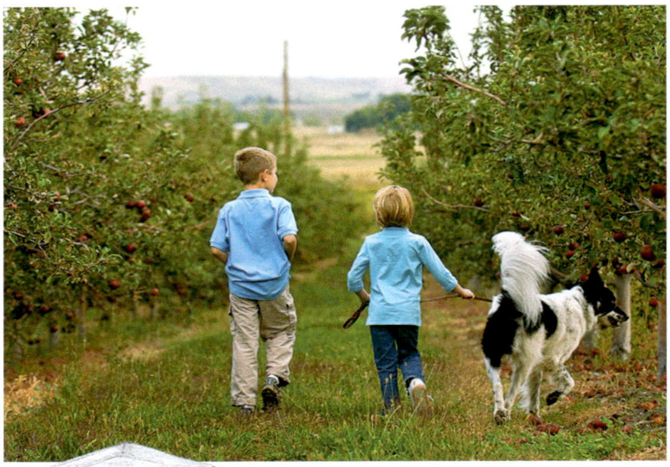
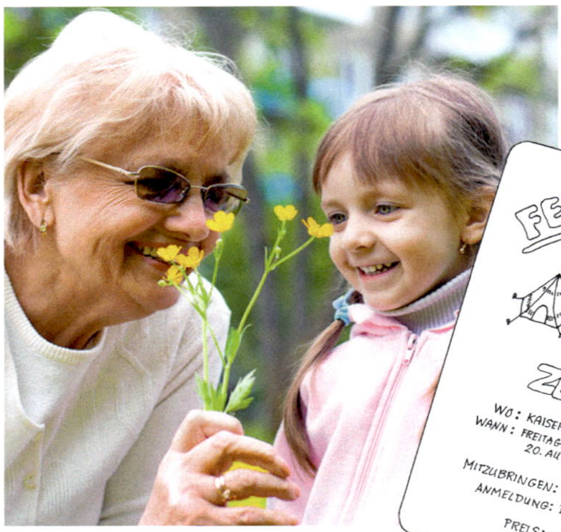
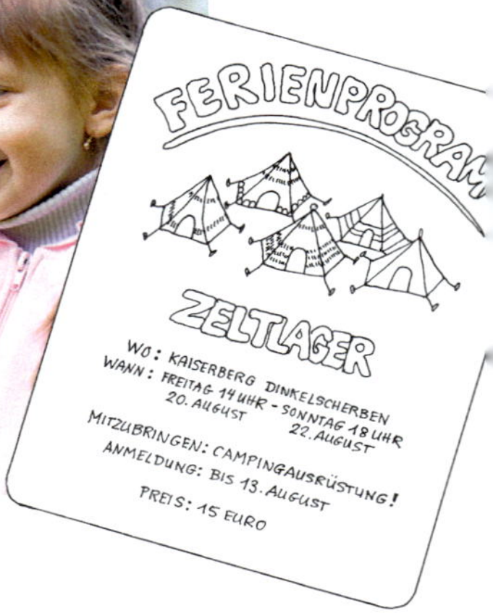
FERIENPROGRAM
ZELTLAGER
WO: KAISERBERG DINKELSCHERBEN
WANN: FREITAG 14 UHR – SONNTAG 18 UHR
20. AUGUST 22. AUGUST
MITZUBRINGEN: CAMPINGAUSRÜSTUNG!
ANMELDUNG: BIS 13. AUGUST
PREIS: 15 EURO
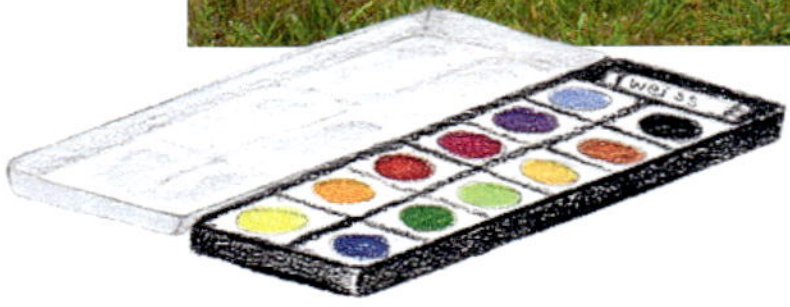
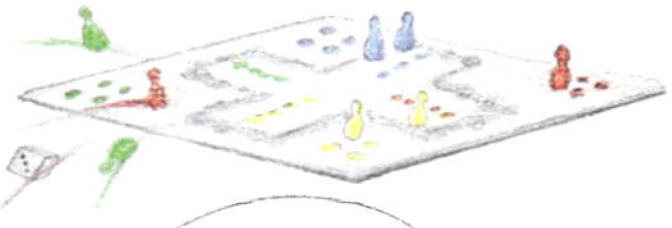
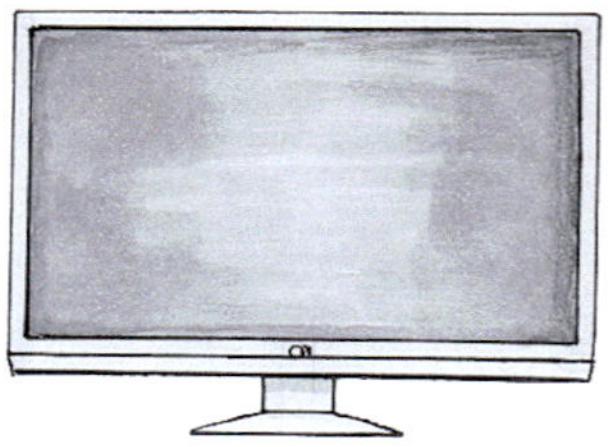
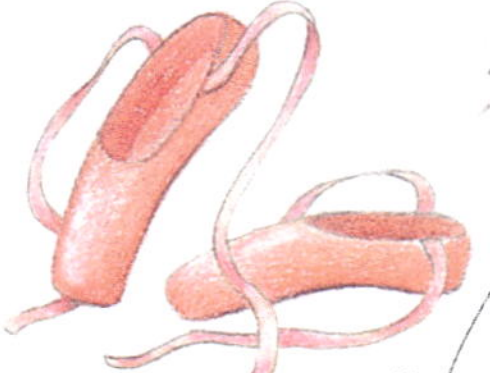
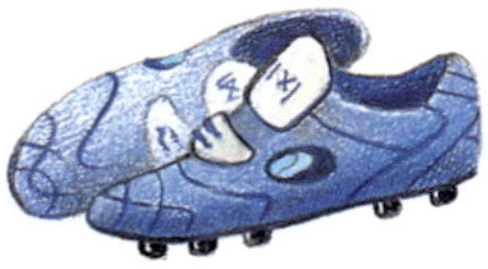
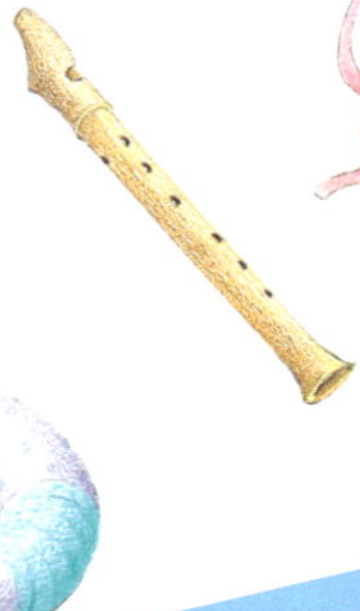
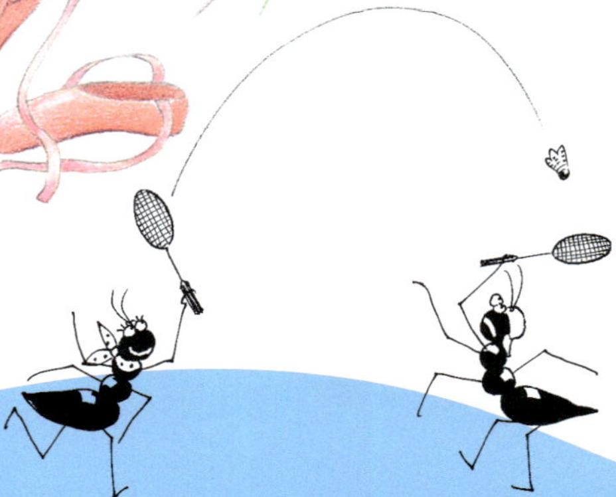
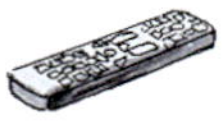
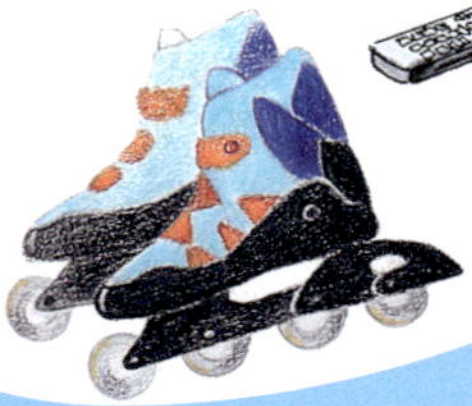
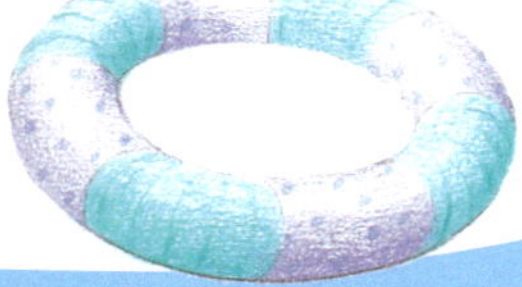

spielen malen musizieren sammeln

Jedes Kind hat ein Recht auf Spiel,
Freizeit und Erholung.
Wusstest du das?
In deiner freien Zeit kannst du tun,
was dir Freude macht:
Sport treiben, Musik machen,
dich mit anderen treffen
und vieles mehr.

Was machst du
in deiner Freizeit?
Kannst du das
selbst entscheiden?

Sprecht in der Klasse darüber.
Macht eine Umfrage an der Schule.

FAMILIEN PLANER

	MAMA	PAPA	MARTA	MIA	MAXI
Mo					
Di					

Montag	Dienstag	Mittwoch	Do
15.00 Uhr Turnen	17.00 Uhr Hip Hop	16.00 Uhr Klavier	
18.00 Omi			

	Mama	Papa	Julian
Mo	18.00 Schwimmbad	18.00 Schwimmbad	
Die			18.00 Schwimmbad
Mi			
Do		18.00 Tennis	16.00 Trommel
Fr	14.00 Friseur		18.00 Fußball
Sa			15.00 Kino mit Opa
So			

Ich würde nachmittags am liebsten die ganze Zeit Computer spielen. Meine Mama erlaubt es aber nicht. Sie sagt, es schadet mir.

Mir ist es manchmal viel zu stressig. Ich bin auch gerne zu Hause und mache das, wozu ich gerade Lust habe.

Ich muss am Nachmittag oft meiner Mutter helfen und auf meine kleine Schwester aufpassen.

Hier spiele ich

Ich heiße Lena. Heute habe ich
viele Freunde eingeladen. Meine Oma schaut uns zu.

Wo kannst du sicher spielen? Was ist gefährlich?

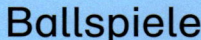

Ballspiele

Brettspiele

Computerspiele

Das ist meine Oma als Kind.
So spielte sie in diesem Garten.

Frage deine Großeltern, was sie als Kind gespielt haben.

Kreisspiele

Hüpfspiele

Fangspiele

Wahr oder erfunden?

Kennst du diese Figuren?
Ordne sie zu.

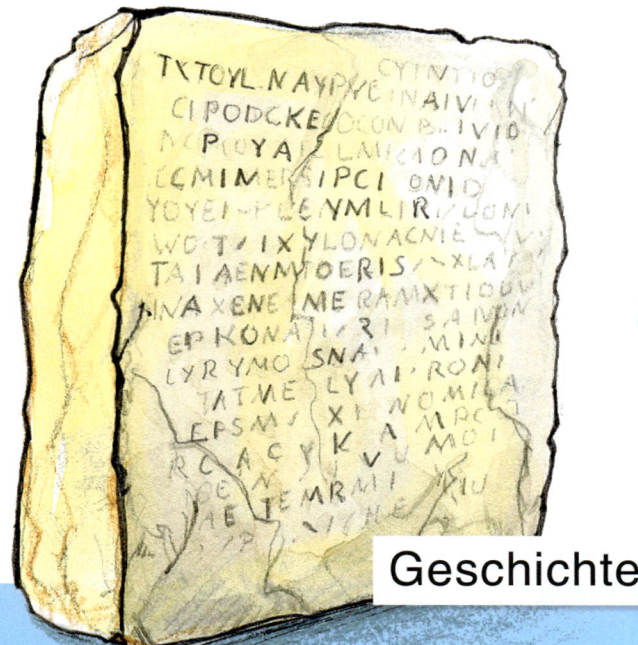

Geschichte

Albert Einstein war ein sehr berühmter Forscher. Er wurde 1879 in Ulm geboren.

Cäsar   Albert Einstein   Batman

 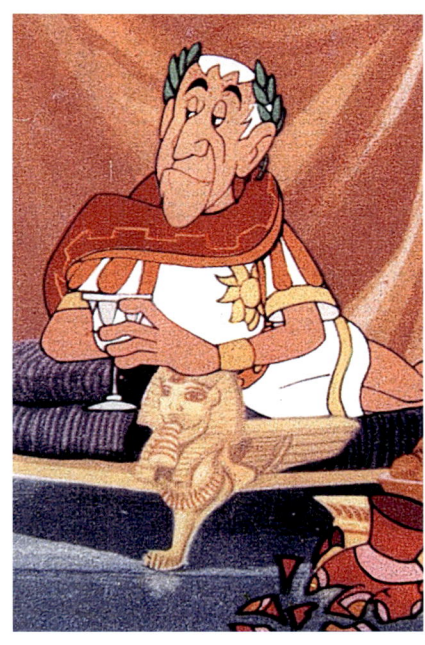 

Überlege:

Wodurch unterscheiden sich die Figuren?
Haben sie etwas gemeinsam?

Besprich dich mit deiner Klasse.
Sucht weitere Informationen.

Es war einmal
ein kleines blondes
Mädchen,
das Rotkäppchen
genannt wurde …

Geschichten

Asterix   Rotkäppchen   Kleopatra

Das ist Wickie

Größe: ziemlich klein
Eigenschaften: nicht stark, sehr klug
Familie: Vater Halvar, Mutter Ylva
Beste Freundin: Ylvi
Wohnort: Wikingerdorf Flake
Kennzeichen: trägt Helm auf dem Kopf wie alle Wikinger, reibt sich die Nase bei guten Ideen, kann sogar Erwachsenen aus schlimmen Situationen helfen.

Es gibt viele Geschichten über Wickie.

Das Ungeheuer

Auf hoher See stoßen Wickie und die starken Männer auf ein Ungeheuer. Mit feurigen Augen und langem Hals schaut es aus dem Wasser. Was für ein Glück, dass Wickie eine gute Idee hat. …

Welche Geschichten über Wickie kennst du? Woher hat Wickie wohl seinen Namen?

Das waren die Wikinger

Wikinger lebten vor ungefähr tausend Jahren.
Dinge, die sie damals benutzten,
haben Forscher gefunden.
Durch die Fundstücke wissen sie viel
über die Geschichte der Wikinger.

Diesen Helm haben Forscher ausgegraben.

Wikinger trugen Helme ohne Hörner.
Hörner benutzten sie zum Trinken.
Warum brauchten sie Helme?

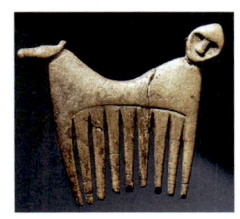

Dieses Schiff wurde gefunden.
Es steht jetzt in einem Museum.
Wikinger segelten damit weit über die Meere.

Nur wenige Wikinger konnten schreiben.
Sie ritzten ihre Zeichen in Holz oder Steine.
Diese Schriftzeichen heißen Runen.

Wikinger bauten Häuser und
lebten in Dörfern.
Für Kinder gab es keine Schule.
Mit sieben Jahren mussten sie
fast wie Erwachsene arbeiten.

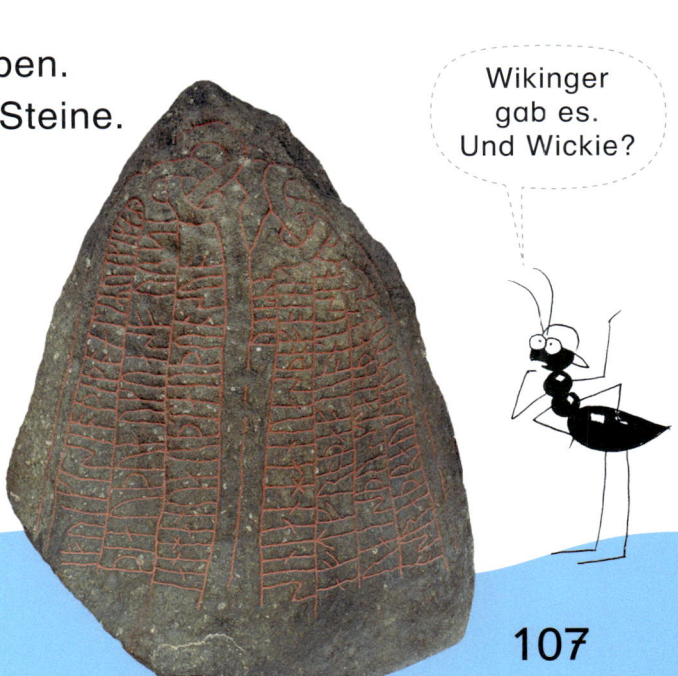

Wikinger gab es. Und Wickie?

Meine Lebensgeschichte

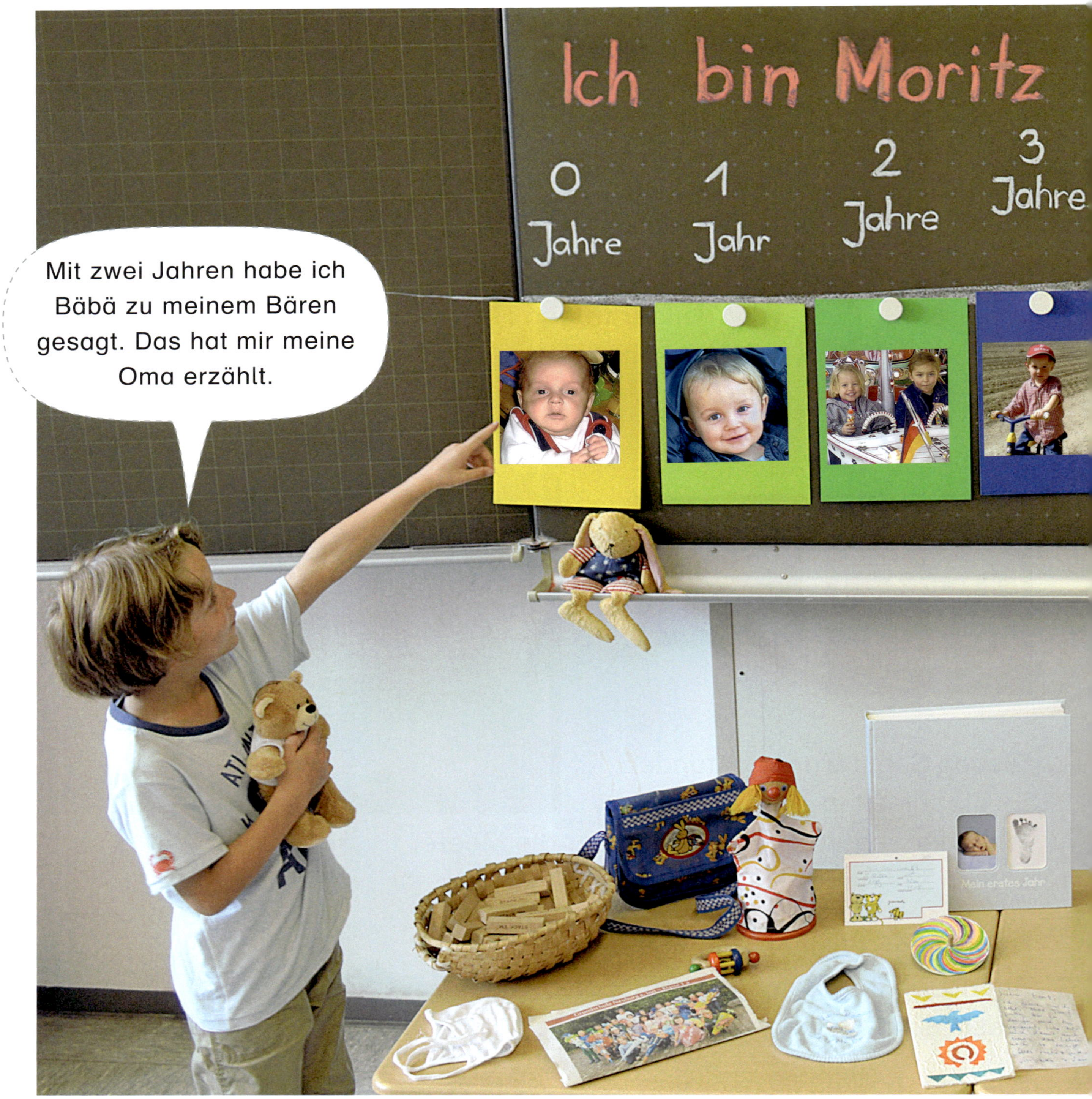

> Mit zwei Jahren habe ich Bäbä zu meinem Bären gesagt. Das hat mir meine Oma erzählt.

Sammle Bilder und Gegenstände aus deinem Leben.
Frage Menschen, die dich schon lange kennen.

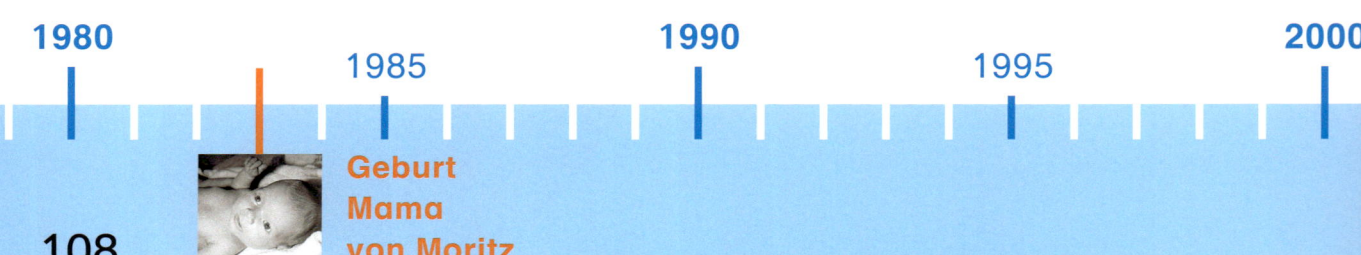

Ordne die Dinge und erzähle den anderen Kindern.

Wir erkunden unser Schulgelände

Gehe auf deinem Schulgelände herum.
Schau dir alles genau an.
Zeichne Gebäude und Plätze auf.
Zeichne auch Bäume, Spielgeräte und
andere Besonderheiten.

Hier soll unser Schulfest stattfinden?

Wo gibt es Essen und Getränke? Wo machen wir die Laufspiele?

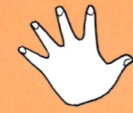 links   vor   hinter   neben

Wir bauen ein Modell

Ihr braucht: Papier, Karton, Schachteln, Klopapierrollen, Krepppapier,
Zahnstocher, Kleber, Klebestreifen, Knetmasse, Steckwürfel, Bausteine

Bastelt Gebäude, Spielgeräte, Bäume und was ihr
sonst noch auf eurem Schulgelände entdeckt habt.
Legt einen großen Karton als Grundfläche auf den Tisch.
Baut darauf euer Schulgelände nach.

zwischen   unten   oben   rechts

Wir zeichnen einen Grundriss

Ihr braucht: dicke, dunkle Farbstifte

Nun könnt ihr alles, was ihr gebaut habt, mit dem Stift umfahren. Wenn ihr die Bauten wegnehmt, habt ihr den Plan eures Schulgeländes auf dem Papier.

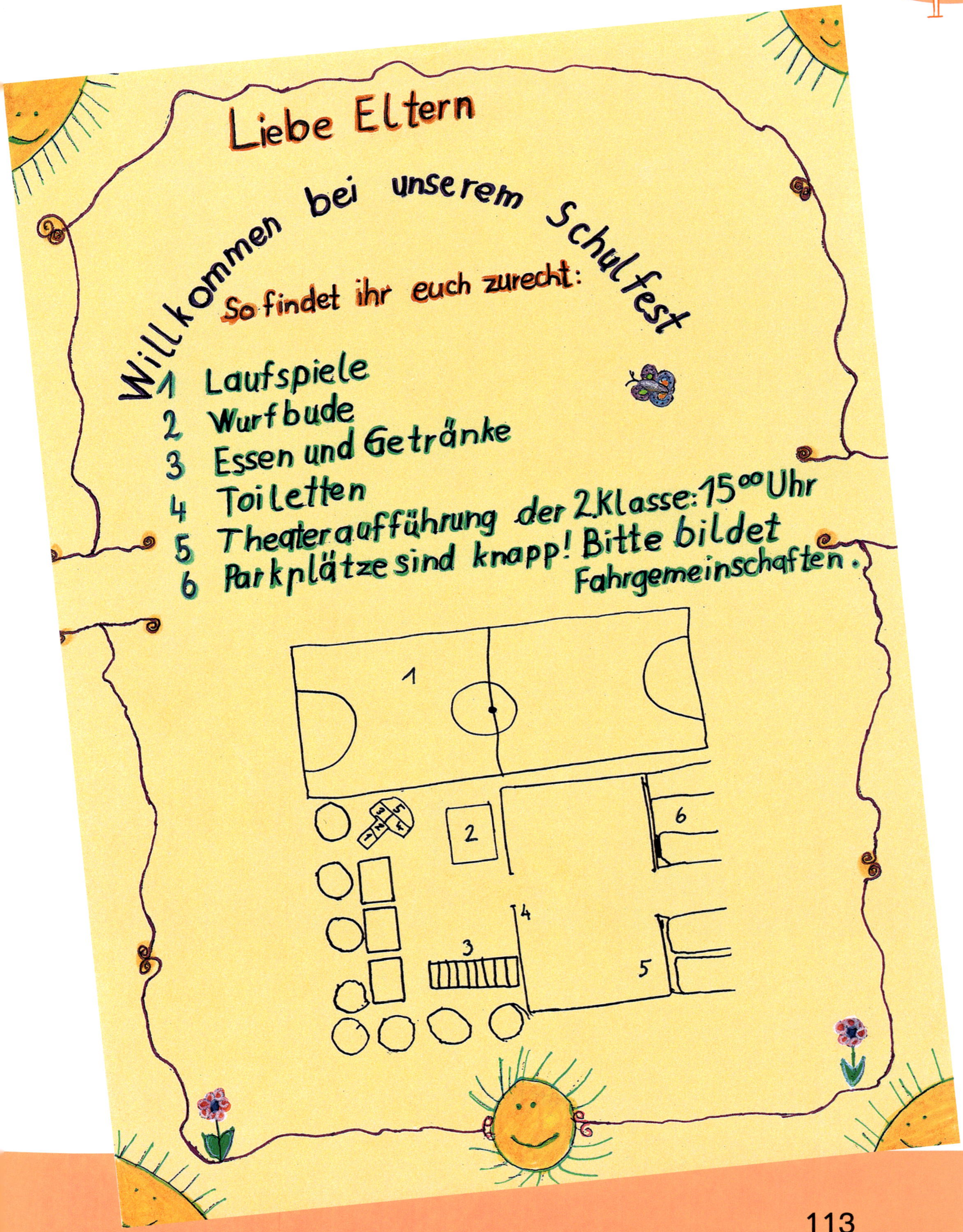

Liebe Eltern

Willkommen bei unserem Schulfest

So findet ihr euch zurecht:

1 Laufspiele
2 Wurfbude
3 Essen und Getränke
4 Toiletten
5 Theateraufführung der 2. Klasse: 15⁰⁰ Uhr
6 Parkplätze sind knapp! Bitte bildet Fahrgemeinschaften.

Pausenräume – Pausenträume

Was machst du gerne auf dem Pausenhof? Erzähle.

Welchen Pausentraum hast du?
Male und schreibe auf.
Welche Träume lassen sich leicht erfüllen?

Jeder Pausenhof sieht anders aus.
Was können die Kinder hier tun?
Worauf müssen sie aufpassen?

Wie sieht dein Pausenhof aus?
Wer kümmert sich darum,
dass der Pausenhof sauber und schön bleibt?

Mitbringen
und loslegen!

Annes Schulweg

Ich wohne im Amselweg.
Wenn ich zur Schule gehe,
sehe ich viel.
Einiges ist besonders
wichtig für mich.

Ich habe
die besonderen Dinge
auf meinem Schulweg
gezeichnet.

Welche Gebäude oder Besonderheiten gibt es auf deinem Schulweg?
Zeichne oder fotografiere sie.
Beschreibe deinen Schulweg. Wo ist er besonders gefährlich?

links   rechts   geradeaus   bergauf   bergab

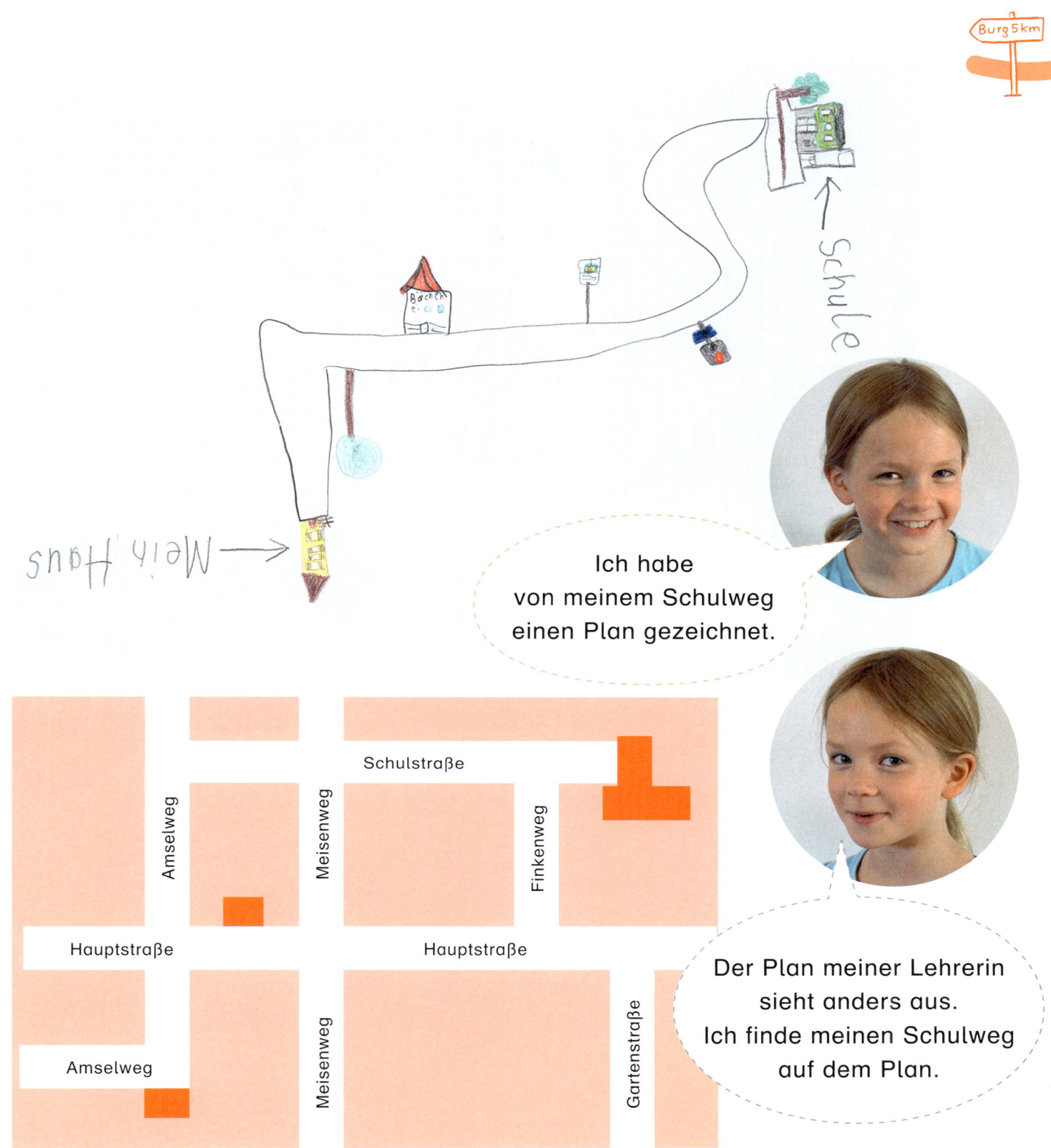

Ich habe von meinem Schulweg einen Plan gezeichnet.

Der Plan meiner Lehrerin sieht anders aus. Ich finde meinen Schulweg auf dem Plan.

Findest du Annes Schulweg?
Fahre ihn mit dem Finger nach und beschreibe.
Kann Anne auf einem anderen Weg zur Schule gehen?

Kreuzung   Kurve   abbiegen

vorbeigehen   überqueren   117

Woher und wohin?

Welche Fahrzeuge entdeckst du?
Warum sind sie unterwegs?
Beobachte Fahrzeuge in deinem Ort.

abholen   liefern   transportieren   bringen

Warst du schon einmal weit weg?
Bringe Fotos mit und erzähle.

Stell dir vor, du wohnst am Blumenweg.
Wohin kannst du allein gehen?
Wo musst du besonders aufpassen?

Rad   Roller   Auto   Bus   Flugzeug   Zug   Schiff

Berufe entdecken

Stell dir vor, es gäbe keine Bäcker, keine Polizisten
oder keine Müllmänner. Was wäre dann los?

Ich kenne mich gut
mit Pflanzen aus. In unserer Gärtnerei
ziehen wir Gemüse und Kräuter.
Auch Blumen
kannst du bei uns kaufen.

Ich fange schon um zwei Uhr früh
mit der Arbeit an. Zum Frühstück sind
die frischen Semmeln fertig.

Bäckerin

Polizist

Gärtnerin

Ordnet die Sprechblasen den Berufen zu.

Stellt ein Buch über Berufe zusammen.
Befragt Erwachsene und macht Fotos.

So könnt ihr die Berufe ordnen:
Wer arbeitet viel draußen in der Natur?
Wer arbeitet in der Fabrik?
Wer stellt etwas her?
Wer übernimmt Dienste für andere?
Wer arbeitet als Künstler?

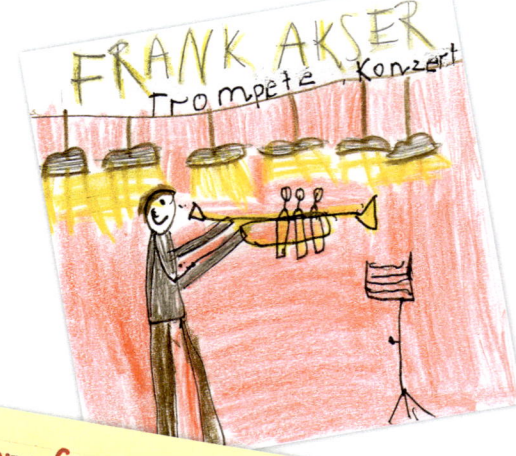

FRANK AKSER
Trompete, Konzert

Beruf: Musiker
Mein Papa spielt sehr
gut Trompete. Er übt
jeden Tag. Oft ist er
abends weg. Dann hat
er einen Auftritt.
Paul

Ich kann gut beobachten und helfe gern. Wenn etwas passiert, bin ich schnell zur Stelle.

Ich fahre mit meinen Kollegen in einem großen Müllauto. Wir bringen euren Müll auf die Deponie.

Ich arbeite in einer großen Fabrik. Dort bediene ich eine Maschine. Sie stellt Teile für Fahrzeuge her.

Ich arbeite im Krankenhaus. Wenn die Menschen wieder gesund sind, bin ich selbst auch froh.

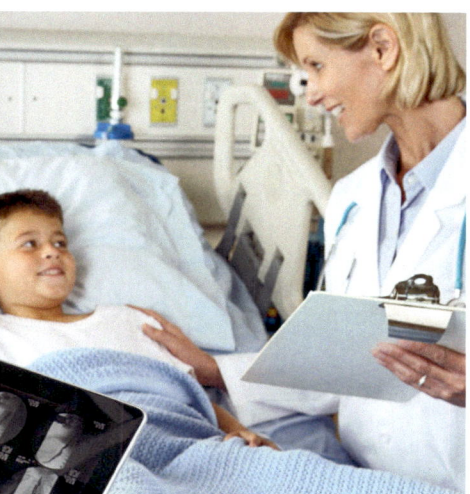

Ärztin

Fabrikarbeiter

Müllmann

Beruf: Lehrerin

Meine Oma ist Lehrerin. Sie korrigiert viele Hefte. Oft hilft sie mir.

Lola

Beruf: Verkäuferin

Meine Mama arbeitet in einem Fahrradgeschäft. Sie zeigt den Kunden verschiedene Fahrräder und berät sie.

Maxi

Werkzeuge nutzen

Ein Werkzeug ist ein Gerät, das die Körperkraft
unterstützt und verstärkt.
Menschen und sogar manche Tiere benutzen Werkzeuge.
Immer wieder werden neue Werkzeuge erfunden
und weiterentwickelt.

| Handbohrer |  Schere |  Zange |  Pinsel |  Schrauben-zieher |

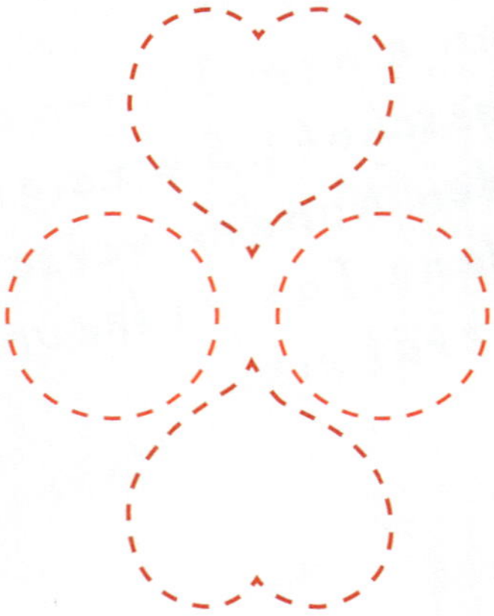

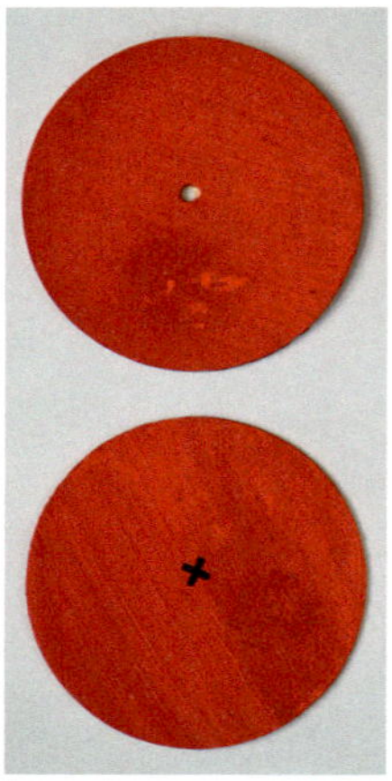

Welches Werkzeug brauchst du hier? Wie hilft es dir?

schwer   scharf   rau   hart   spitz   lang

Den sicheren Umgang mit
Werkzeugen musst du üben.
Richte zusammen mit einem
Erwachsenen Übungsstationen ein.

Überlege,
bevor du zu arbeiten beginnst:
Wie nimmst du das Werkzeug
in die Hand?
Wie vermeidest du Verletzungen?

Schlage Nägel ein.
Tipp: Klopfe mit dem Hammer
erst leicht, bis die Nagelspitze
im Holz steckt.

Ziehe Nägel aus dem Holz.

Drehe Schrauben ein.
Tipp: Bohre mit dem
Handbohrer ein
kleines Loch vor.

Drehe Schrauben heraus.

Baue dir auch so ein Brett.
Welche Werkzeuge brauchst du?

Wofür willst du
dein Brett verwenden?
Stelle deine Arbeit vor.

Türme bauen

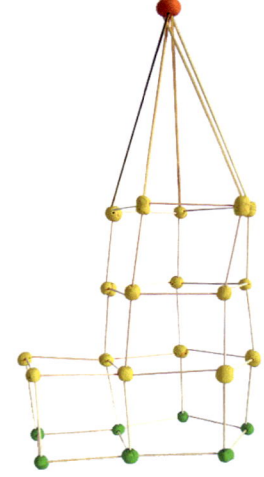

Sucht und sammelt Material.
Baut Türme.

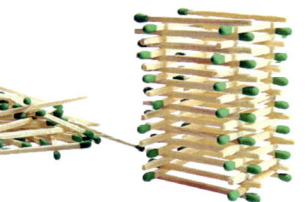

Überprüft, wie stabil
euer Turm ist.
Verschiebt den Turm.

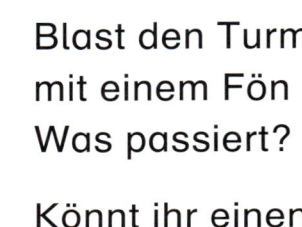

Blast den Turm
mit einem Fön an.
Was passiert?

Könnt ihr einen Turm
einstürzen lassen,
ohne ihn zu berühren?

Warum bauen Menschen Türme?
Welche Türme gibt es bei dir in der Nähe?

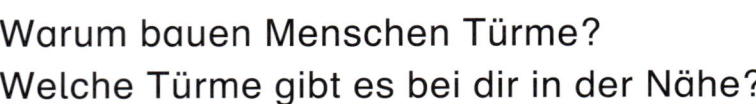

Kirch-

Fernseh-

Wasser-

Sprung-

Aussichts-

Baue die Türme so hoch du kannst.
Welcher Turm steht am sichersten und welcher fällt zuerst um?
Überlegt gemeinsam und erklärt, warum.

Baue beide Mauern nach.
Schiebe bei jeder Mauer einen Stein aus der Reihe heraus.
Kannst du noch weitere Steine herausschieben?

Welche Mauern entdeckst du in deiner Umgebung?
Zeichne, wie sie gemauert sind.

Dieser runde Turm wurde vor
ungefähr 4 000 Jahren gebaut.
Baue auch einen runden Turm.

hoch   niedrig   Grundfläche   Höhe   stabil

Toll gebaut!

Das ist die längste Burg der Welt. Sie steht in Burghausen.
Viele Jahrhunderte lang wurde an der Burg gebaut. Immer wieder
kamen neue Teile dazu.

Die Mauern der Burg sind so
gebaut, dass sie bis heute
stehen geblieben sind.

Manchmal verrät dir ein
Ortsname, wo es eine Burg gab
oder noch gibt: Würzburg,
Aschaffenburg, Wasserburg.

Welche Burg oder Burgruine kennst du?

Das ist das Schloss
Neuschwanstein.
Es wurde auf einem hohen
Felsen gebaut.
Das Schloss ist in der ganzen
Welt bekannt. Jedes Jahr
kommen mehr als eine Million
Touristen und bestaunen
das Bauwerk.

Schau dir das Foto an. Warum war es schwierig,
das Schloss an dieser Stelle zu errichten? Überlege.
Wie sieht das Schloss heute aus? Wie wird es genutzt?

Stein   Holz   Ziegel   Gerüst   Burg   Schloss

Das alte Rathaus von Großheubach sieht sehr schön aus.
Solche Fachwerkhäuser sind berühmt für ihre
besondere Bauweise.
Wie sind hier die Mauern gebaut? Beschreibe.

Bei diesem Haus sind alle Wände
aus dicken Holzbalken.
Die Balken sind so ineinander
gesetzt, dass sie ohne Nägel
oder Schrauben halten.

Stadtführer,
Heimatpfleger oder
Architekten.
Wen soll ich
fragen?

Welche besonderen Gebäude gibt es
in eurer Nähe? Überlegt euch Fragen.
Gibt es ein Gebäude in deiner
Umgebung, das dir besonders gefällt?
Stelle es in deiner Klasse vor.

Stadtmauer   Kirche   Kloster   Rathaus   Wohnhaus

Rollt die Kugel?

Baut verschiedene Kugelbahnen.

Ihr braucht:
– einen dicken, langen Schlauch
Wie wird daraus eine Kugelbahn?

Lasst verschiedene Kugeln rollen.
Welche Kugel rollt am schnellsten?
Wie bringt ihr die Kugel zum Halten?
Vermutet. Probiert aus. Welche Tipps könnt ihr geben?
Ihr könnt die Bahnen immer wieder verändern.

Ihr braucht:

– eine Pinnwand
– Küchenpapierrollen
– Klopapierrollen
– Reißnägel
– Schere
– Becher

1. Zerschneidet einige Papierrollen.
2. Befestigt die Rollen und Becher
   mit Reißnägeln an der Pinnwand.
   Und los geht's!

Glas-◯   Holz-◯   Styropor-◯   Metall-◯   Plastik-◯

Auf die Plätze, fertig, los!

Die Kinder testen ihre selbstgebauten Fahrzeuge.
Welches Fahrzeug fährt am schnellsten?
Welches rollt am weitesten?
Können alle Fahrzeuge geradeaus fahren? Vermute.

Baue auch ein Fahrzeug
und teste es.

Du brauchst:

– Schachtel
– 2 Schaschlikspieße
– 4 runde Bierdeckel
– Korken
– Handbohrer
– Messer

Anleitung:

1. Bohre in die Schachtel vier Löcher.
2. Bohre in die Bierdeckel ein Loch.
   Versuche, genau die Mitte zu treffen.
3. Lass dir die Korken von einem
   Erwachsenen in Scheiben schneiden.
4. Baue nun dein Fahrzeug.

Im Forscherlabor

Was interessiert euch besonders?
Besprecht euch und probiert aus.
Welche Sicherheitsregeln
müsst ihr beachten?

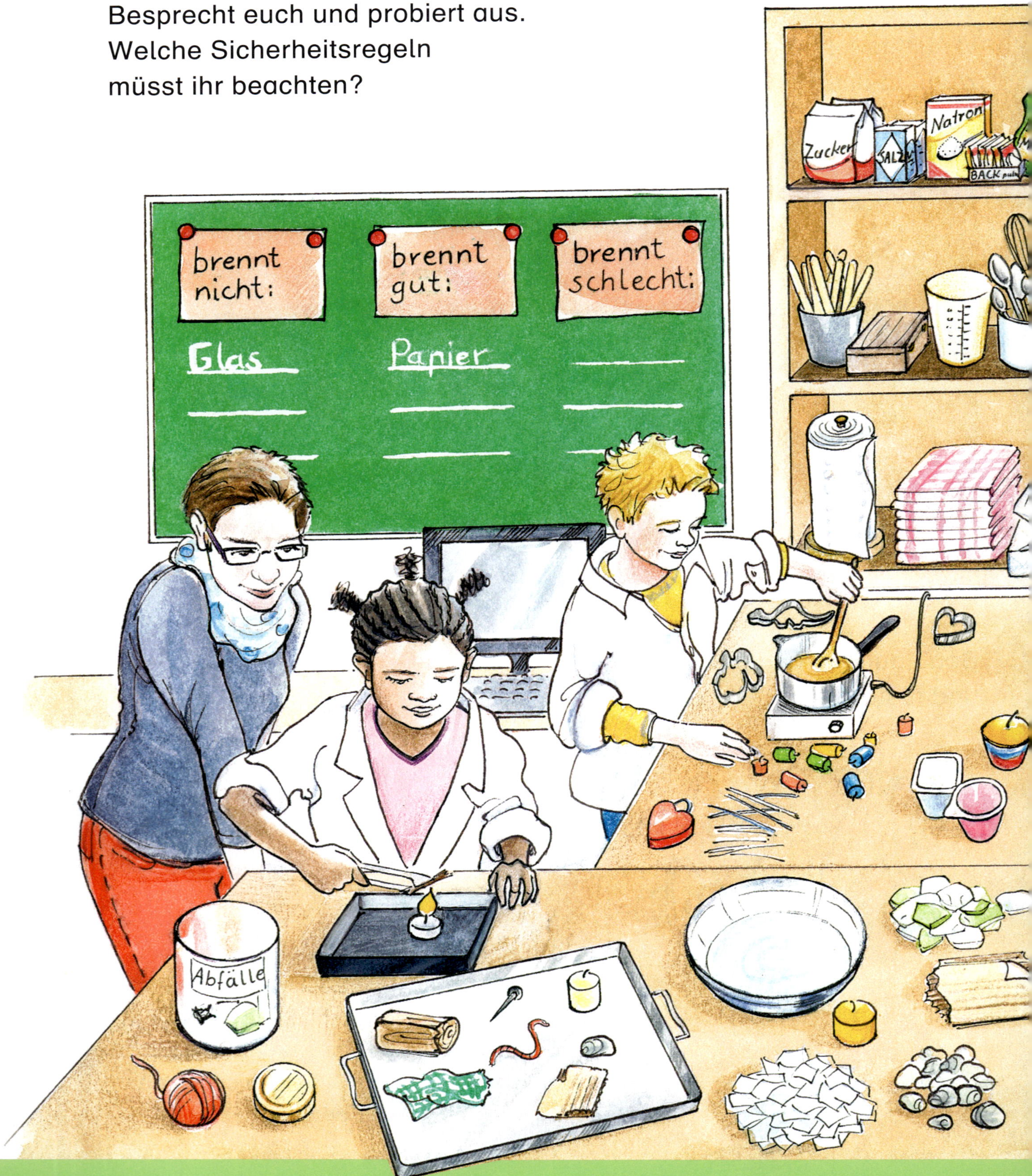

brennt nicht:

brennt gut:

brennt schlecht:

Glas

Papier

Versuche mit Wasser

Das ist Susi Sachensucher.
Sie sammelt viele Dinge aus
verschiedenen Materialien.
Daraus macht sie ziemlich sonderbare Sachen.
Möchtest du den Schirm bei Regen benutzen?

Welche Materialien sind wasserdurchlässig
oder saugen sich voll?
Welche lassen kein Wasser durch?

Du brauchst:

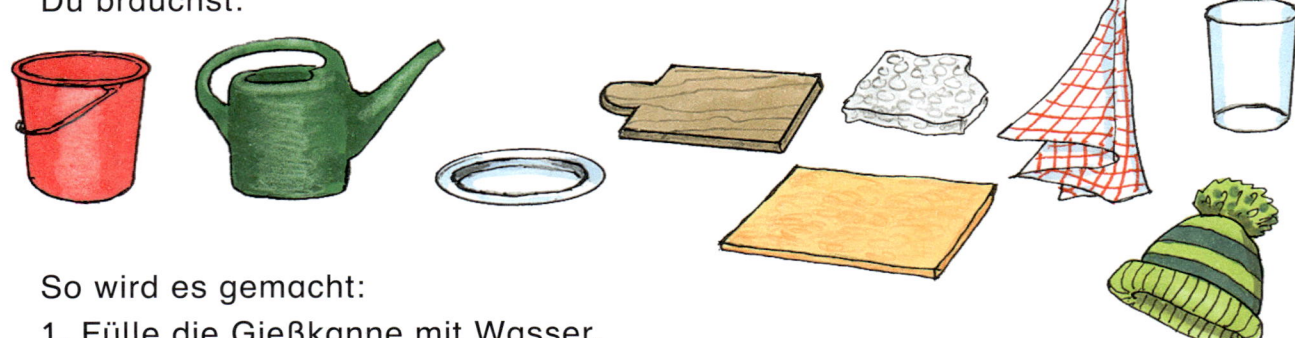

So wird es gemacht:

1. Fülle die Gießkanne mit Wasser.
2. Wähle ein Material und halte es über den Eimer.
3. Vermute.
   Was passiert, wenn man Wasser darüber gießt?
   Was kannst du beobachten?
   Hast du eine Erklärung dafür?

| | wasserdurchlässig | |
	ja	nein
Holz		X
Wolle		

Versuche mit Feuer

Wenn du dich umschaust, findest du
viele Dinge, die aus unterschiedlichen
Materialien bestehen.
Einige Materialien brennen sehr schnell.
Andere beginnen nur langsam oder gar nicht zu brennen.

Versuch

Du brauchst:
– verschiedene Materialien
   Papier (nass und trocken), Pappe, Glas,
   Steine, Holz (dünn und dick), Wolle, Nagel,
   Metalldeckel, Gummi, Joghurtbecher, Blätter
   (frisch und getrocknet)
– feuerfeste Unterlage
– Teelicht und Streichhölzer
– Schale mit Wasser
– Grillzange
– Behälter für Brennabfälle

So wird es gemacht:
1. Zünde das Teelicht an.
2. Nimm mit der Zange ein Material.
   Vermute. Wird es brennen?
3. Halte es vorsichtig in die Flamme.
   Beobachte, was geschieht.
4. Tauche die untersuchte Probe
   ins Wasser.
5. Lege sie dann in den Abfallbehälter.
6. Notiere deine Beobachtungen.

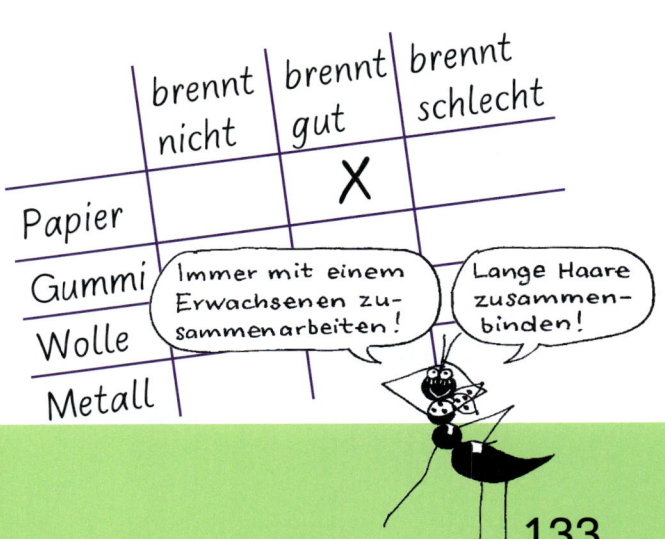

	brennt nicht	brennt gut	brennt schlecht
Papier		X	
Gummi			
Wolle			
Metall			

Immer mit einem Erwachsenen zusammenarbeiten!

Lange Haare zusammenbinden!

Es brennt schneller, als du denkst

Feuer darfst du niemals alleine lassen.
Auch wenn die Flamme noch so klein ist,
kann daraus in Sekunden
ein großes Feuer werden.
Wenn du aufpasst und immer mitdenkst,
passiert dies nicht.

Was kannst du tun? Sprecht in der Klasse.

Was ist passiert?
Was könnte noch passieren?

Kaltes Wasser über eine Brandwunde laufen lassen! Aber nicht länger als zehn Minuten!

Regel 1:
Verlasse das
brennende Zimmer
sofort.

Regel 2:
Schließe die Tür.

Regel 3:
Rufe deine Eltern
oder die Feuerwehr:
Telefonnummer 112.

Regel 4:
Warne die
Nachbarn.

Regel 5:
Warte vor dem Haus,
bis die Feuerwehr kommt.

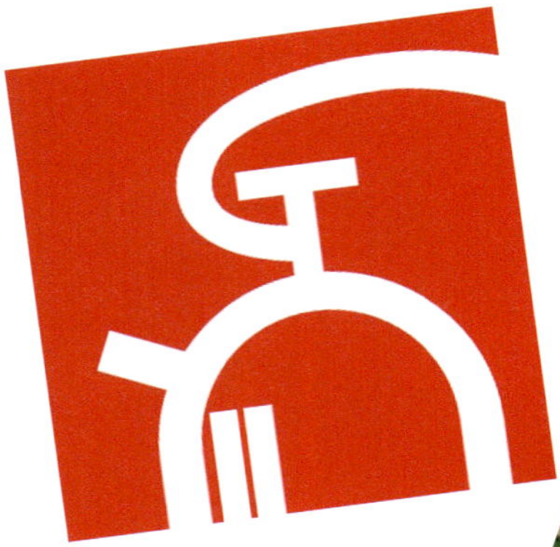

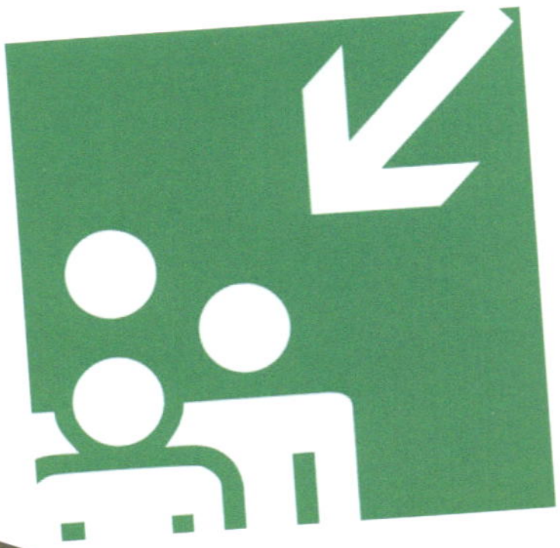

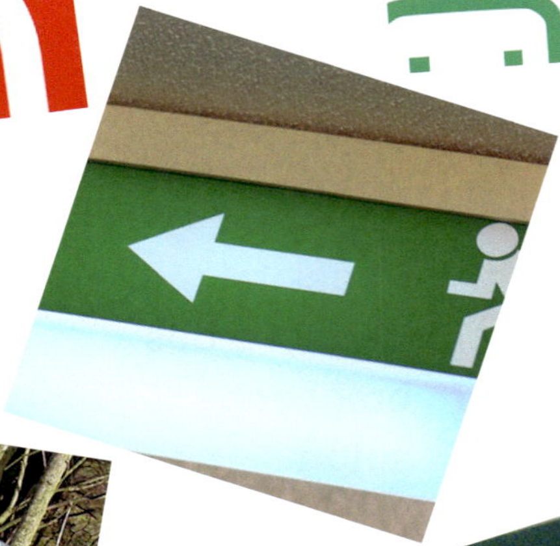

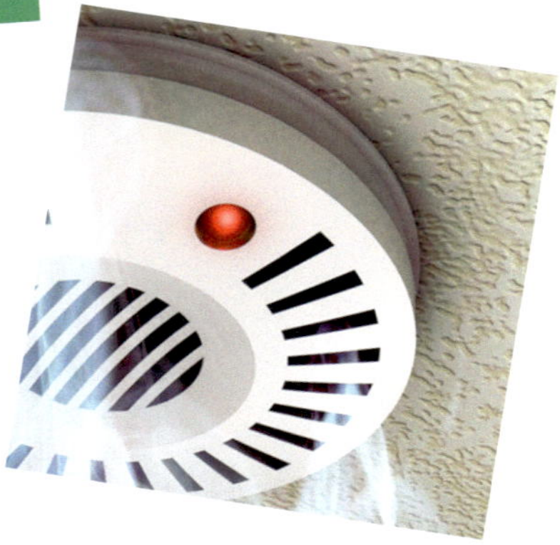

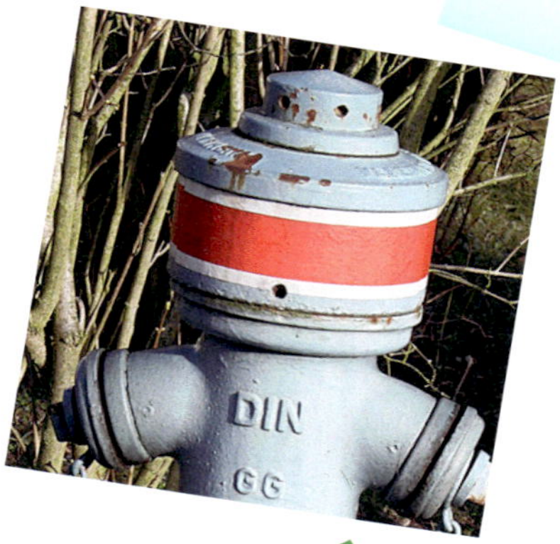

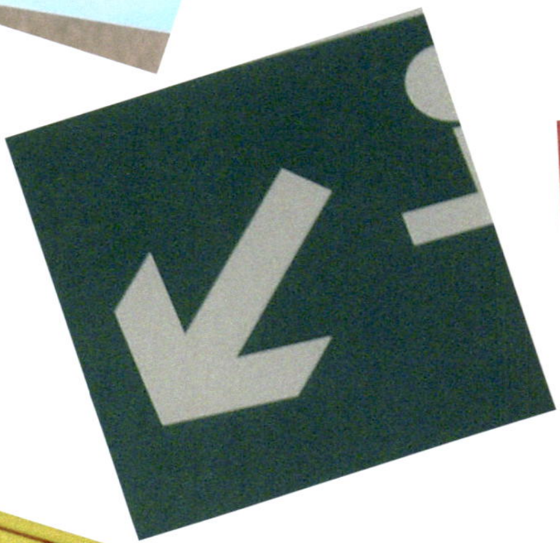

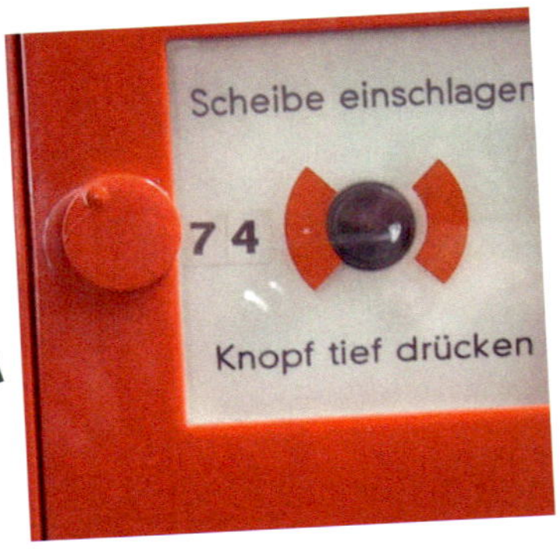

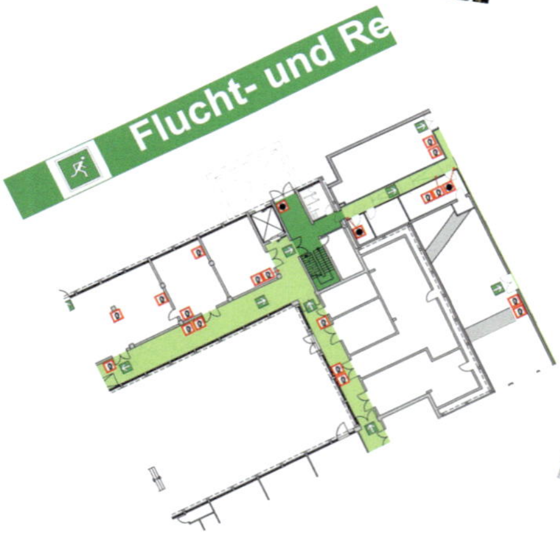

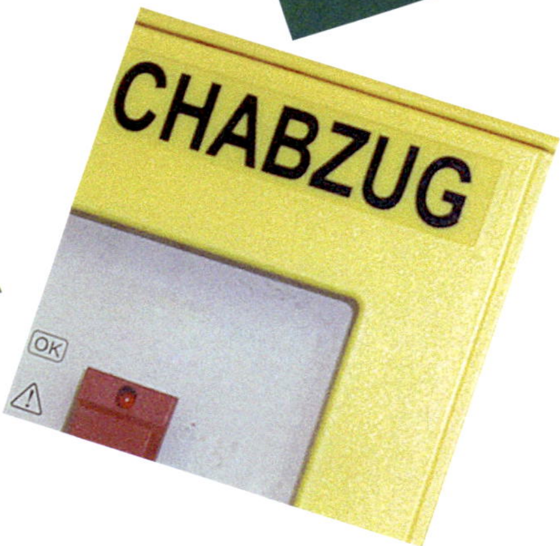

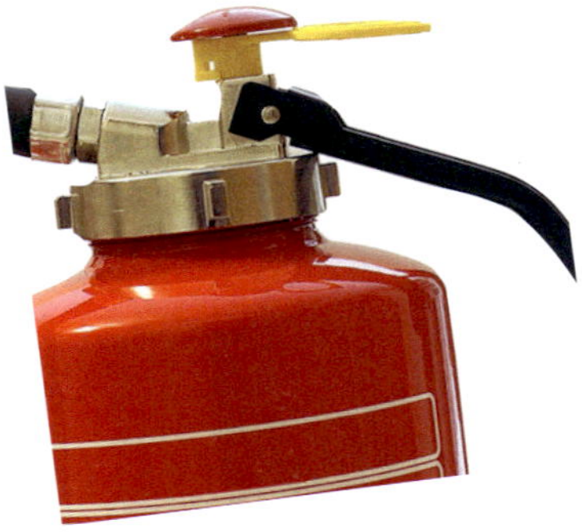

Suche die Schilder und Geräte in der Schule.

Fluchtwegplan   Feuerlöscher
Brandschutztür   Fluchtweg

Feueralarm

Wenn ich ein lautes Heulen (Sirene) höre, muss ich wichtige Dinge beachten:

So verhalte ich mich bei Feueralarm:

1. Ich bleibe ruhig.
2. Ich höre der Lehrerin ganz genau zu.
3. Ich stelle mich mit einem anderen Kind in einer Reihe auf.
4. Alle meine Sachen bleiben liegen, ich nehme auf keinen Fall etwas mit.
5. Ich warte, bis meine Lehrerin alle Kinder gezählt hat.
6. Dann gehe ich mit den anderen an die Sammelstelle.

Name: _____

Die Nummer der Feuerwehr ist die **112**

Besucht die Feuerwehr oder ladet einen Feuerwehrmann ein. Welche Fragen stellt ihr?

Wasserzapfstelle (Hydrant)   **Sammelstelle**
           Rauchmelder   **Feuermelder**

So viel Müll!

Von uns ist der Müllberg nicht!

Beim Einkaufen sind viele Dinge eingepackt.
Wir packen sie aus und werfen die Verpackung weg.
So entsteht Müll, der entsorgt werden muss.

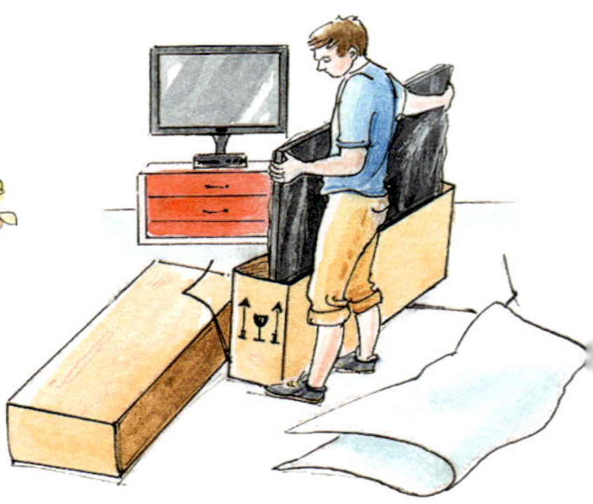

Beobachte, was du an einem Tag wegwirfst.

Karton   Folie   Verpackung   Müll   entsorgen

Ohne Abfall – geht das?

Für die Umwelt ist es am besten,
wenn möglichst wenig Müll entsteht.

Habt ihr Ideen, wie ihr Müll vermeiden könnt?

Ich habe eine **Brotbox.**
Tina

Ich achte darauf,
dass meine Sachen
nicht kaputt gehen.
Maxi

unweltfreundlich

Aus Alt wird Neu

Viele Dinge, die wir wegwerfen, bestehen aus Materialien,
die man wieder verwerten kann.
Damit Abfallstoffe wieder verwertet werden können,
müssen wir sie trennen.

Aus Altglas kann man neues Glas herstellen.

Aus Plastikabfall kann man neue Kunststoffe herstellen.

Aus Bioabfall wird gute Erde.

Wie trennt ihr den Müll in der Klasse? Gestaltet ein Spiel.

sammeln   trennen   zerkleinern   schmelzen

formen   verrotten

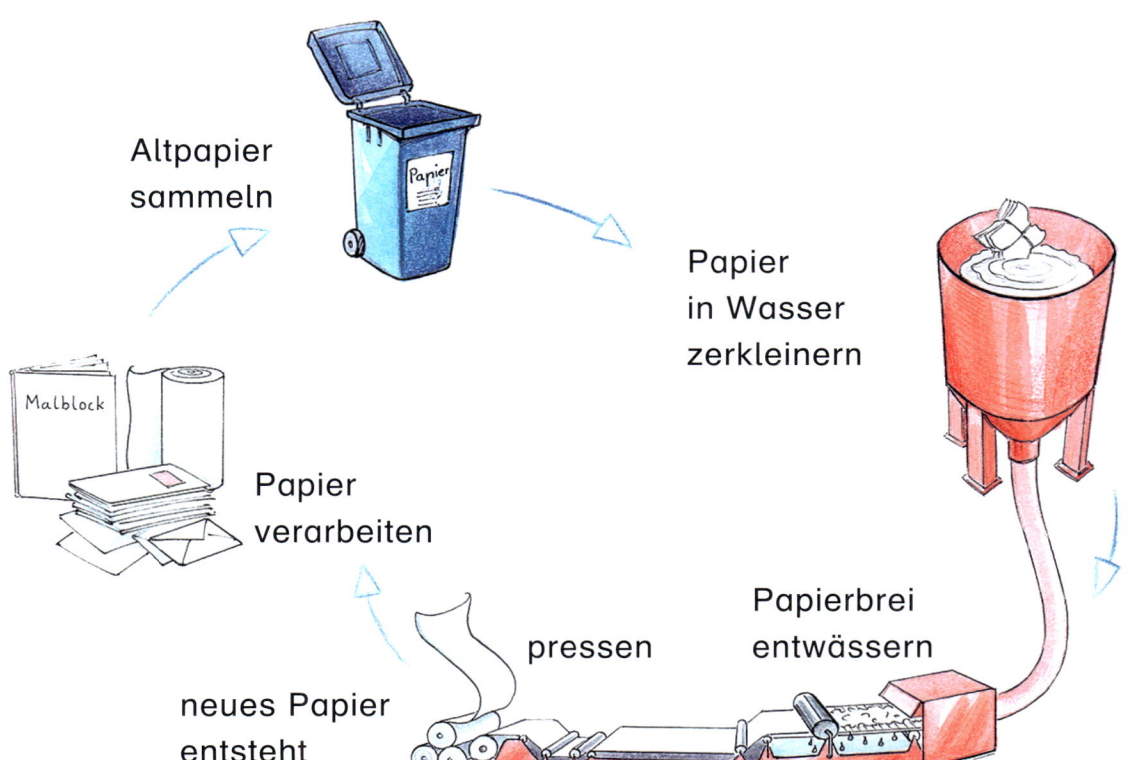

Altpapier sammeln

Papier in Wasser zerkleinern

Papier verarbeiten

pressen

Papierbrei entwässern

neues Papier entsteht

Aus altem Papier wird wieder neues Papier.
Wenn Stoffe wieder verwertet werden,
nennen wir das Recycling (sprich: risaikling).

Du kannst selbst aus altem Papier
neues Papier herstellen.
Vergleiche die Arbeitsschritte.

Luft entdecken

Wer freut sich über den Wind?
Erzähle, was Luft alles kann.

Wind   Sturm   wehen   flattern

fliegen   blasen   pusten   atmen

Versuche mit Luft

Mit der Luft ist das so eine Sache.
Wir können sie nicht sehen. Wie merken wir,
dass sie trotzdem da ist?

Das brauchst du: einen Luftballon

Was spürst du?
Was stellst du fest?

Das brauchst du: einen Regenschirm

Probiere beides aus.
Wann bist du schneller?

Das brauchst du: ein Glas mit Wasser gefüllt, einen Strohhalm

Was passiert, wenn du
in den Strohhalm bläst?
Vermute. Beobachte.

Arbeite wie ein Forscher. Zeichne und schreibe auf.
Vergleiche deine Ergebnisse mit anderen Kindern.

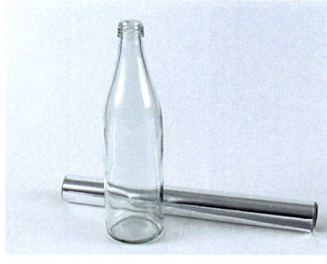

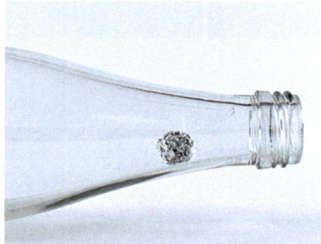

Versuchsprotokoll

Kügelchen im Flaschenhals
(Wohin bewegt sich die Alu-Kugel?)

Ich brauche:

Ich schreibe oder male, was ich tue:

Ich vermute, was passiert:

Ich beobachte:

Kann ich das erklären?

Ich baue einen Fallschirm.

Ich brauche:
– Material für den Fallschirm
– Wollfäden oder Schnüre
– eine Schere
– eine große Holzperle
  oder ähnliches

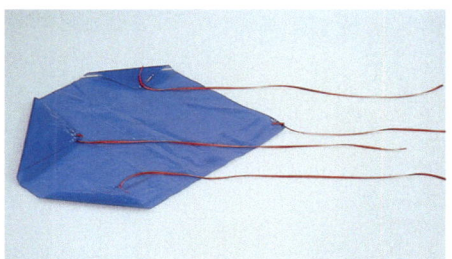

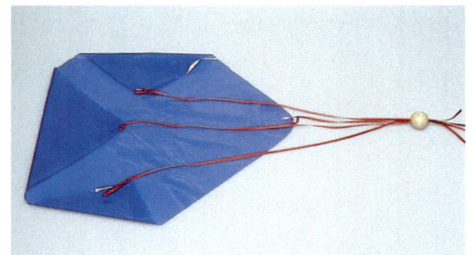

Lass den Fallschirm herunterfliegen. Probiere es
aus verschiedenen Höhen. Was kannst du verändern?

Luft und Sonne sind lebenswichtig

Alle brauchen saubere, gesunde Luft zum Leben.
Manchmal sehen oder riechen wir den Schmutz in der Luft.
Manchmal ist der Schmutz aber auch unsichtbar.
Trotzdem schadet er Menschen, Tieren und Pflanzen.

Wie könnt ihr helfen,
dass die Luft nicht
verschmutzt wird?

Der Fußgängerbus ist da.
Wir holen Katja ab.

Aha!

reifen   wachsen   Wärme   Energie

146   Licht   schützen   verbrennen

Die Sonne hat auch gefährliche Strahlen,
die unsere Haut krank machen.
Zu viel Sonne schadet unserer Haut.

Wie kannst du dich schützen?
Diskutiere mit deinem Partner.

Sonnenhut

Taucherbrille

lange Hose

Sonnenmilch

Schatten

Sonnenschirm

Badehose

T-Shirt

Sonnenbrille

Schwimmflossen

UV, was ist das
eigentlich?

bewegen   erfrischen   verbrauchen

atmen   ersticken   Sauerstoff

So ein Wetter!

Wie das Wetter wird, interessiert alle Menschen.
Keiner macht gerne bei Regen ein Picknick
oder geht mit Sandalen spazieren.
Wenn du weißt, wie das Wetter wird,
kannst du dich richtig verhalten.

Was machst du gern
bei diesem Wetter?

Manchmal regnet es
viele Tage lang sehr stark.
Was kann passieren?

Wir gehen nur
bei schönem
Wetter wandern!

Wolken   Gewitter   Regen   Nebel
          Schnee   Sonne   Hagel

Menschen richten sich nach dem Wetter.
Wie kleidest du dich passend zum Wetter?

Der Hund muss heute noch raus.

Wollen wir Schlitten fahren?

Wie verhältst du dich bei diesem Wetter?
Diskutiert, macht Vorschläge und begründet eure Meinung.

Darf ich mit Lea ins Schwimmbad gehen?

Beeilt euch, wir wollen doch noch zur Schnitzeljagd!

Wir verhältst du dich bei Gewitter?

raus aus dem
Wasser gehen

Schutz
suchen

nicht unter
Bäume stellen

sich klein
machen

Wir beobachten das Wetter

Um das Wetter genauer zu erforschen,
gibt es verschiedene Geräte.
Wo habt ihr solche Geräte schon gesehen?

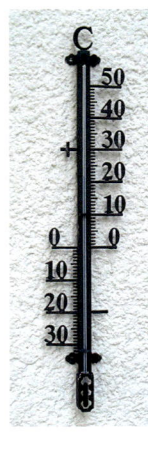

Richtet einen Wetterdienst in der Klasse ein.
Schreibt jeden Tag zur gleichen Zeit in ein Wettertagebuch.
Verwendet dazu die Zeichen von der Wetterkarte.

heiter   wolkig   bedeckt   Gewitter   Regen   Nebel   Schnee

	Himmel	Temperatur	Wind	Niederschlag
Montag 1. 4.		12 °C		
Dienstag 2. 4.		17 °C		
Mittwoch 3. 4.				

Temperatur   Niederschlag   Wind

Thermometer   Regenmesser   Windsack

Fragen rund um das Wetter

Was macht der Regenwurm bei Regen?

Warum schließen Blumen ihre Blüten, wenn es regnet?

Wie kommt das Wetter auf die Wetterkarte?

Wie entsteht ein Regenbogen?

Schauen Wolken immer gleich aus?

Wie sehen Schneekristalle aus?

Welche Fragen findest du besonders spannend?
Was möchtest du noch wissen?

Suche dir einen Partner, der sich für
die gleiche Frage interessiert wie du.
Hier findet ihr Informationen und Bilder zu eurem Thema.

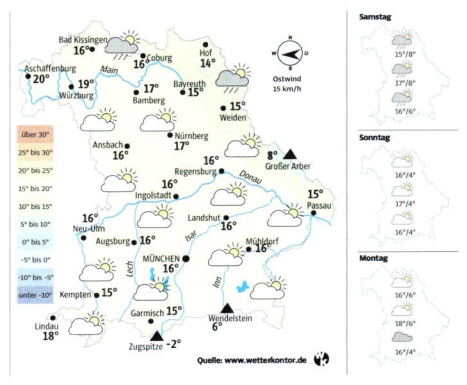

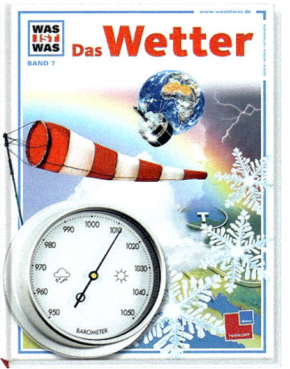

Haltet über euer Thema einen Vortrag.
Ihr könnt auch ein Plakat gestalten oder
einen passenden Versuch vorführen.

So sehen wir in Wirklichkeit aus

sechs Beine   Hinterleib   Brust   Kopf   Fühler

Das können wir

Wir können
in einer Reihe gehen.

Wir können
uns wehren.

Wir können
schwer schleppen.

Gekrabbel

krabbeln im hohen Gras
krabbeln in jedes Glas
krabbeln auf Kekse und Kuchen
denn genau das ist es, was suchen
krabbeln, um Süßes zu trinken
drum lassen sie sich ins Limo sinken
krabbeln in deine Socken
aber sie bleiben nicht drin hocken
krabbeln dir hoch an den Beinen
und krabbeln und kribbeln – es ist zum Weinen.
Doch heute krabbeln sie dicht an dicht
und machen für dich dies Krabbel-Gedicht !

Erika Zahn

Die Roten Waldameisen errichten große Bauten aus kleinen Zweigen und Nadeln. Hier leben oft mehr als hunderttausend Ameisen zusammen. Der Haufen und das Ameisenvolk werden jedes Jahr größer.

Der Bau hat auch einen unterirdischen Teil.
Hier haben die Ameisen Gänge und Kammern gebaut.
Einige Kammern sind für die Eier und in anderen wohnen die Königinnen. Die Arbeiterinnen bewachen ihren Bau gut und arbeiten ständig daran. Im Winter schlafen die Ameisen. Sie wachen im Frühjahr, wenn es warm wird, wieder auf.

Ameisen halten sich Blattläuse, so wie Menschen sich
Kühe halten. Die Ameisen melken die Blattläuse sogar:
Sie kitzeln die Blattläuse so lange mit den Fühlern, bis diese
einen Tropfen Honigtau ausscheiden.
Honigtau ist eine klebrige, süße Flüssigkeit. Sie gehört
zu den Lieblingsspeisen der Ameisen. Deshalb passen die
Ameisen gut auf ihre Blattläuse auf und schützen sie vor Feinden.

Bei uns gibt es mehr als 200 verschiedene Ameisenarten.

Die Rote Waldameise ist
eine der häufigsten Ameisenarten.

Die Schwarze Gartenameise
kommt sogar in unsere Häuser.

Alle Ameisen leben in Gemeinschaften (Ameisenvölkern).
Sie sind sehr fleißig. Jede Ameise hat bestimmte Aufgaben.

Register

Dies ist eine Liste von wichtigen Namenwörtern.
Die Zahlen daneben sagen dir, auf welchen Buchseiten
du mehr über diese Wörter erfährst.

Bildquellenverzeichnis

Cover: © gorillaimages – Shutterstock.com. **12/13:** Monika Kollmaier, Passau. **14.1:** dpa Picture-Alliance / Fotoreport Opel. **14.2–4, 6:** Johann Jilka, Altenstadt. **14.5:** imago/Reinhard Kurzendörfer. **14.7:** Monika Kollmaier, Passau. **14.8:** © Marem – Fotolia.com. **16.1:** Johann Jilka, Altenstadt. **16.2:** ADAC/Kalle Singer. **20–21:** Monika Kollmaier, Passau. **26 Hase:** © AXL – Shutterstock.com. **26 Hamster:** © Stanislaw Sulica – Shutterstock.com. **26 Schildkröte:** Monika Kollmaier, Passau. **26 Katze:** © Anna Hoychuk – Shutterstock.com. **26 Aquarium:** © Janelle Lugge – Shutterstock.com. **26 Hund:** © Kaetana – Shutterstock.com. **28.1:** mauritius images / Paula Ludwig. **28.2:** © Monkey Business Images – Shutterstock.com. **28.3:** © Aletia – Shutterstock.com. **29.1:** © vita khorzhevska – Shutterstock.com. **29.2:** © AnneMS – Shutterstock.com. **29.3:** © Basileus – Shutterstock. **30.1:** © Pete Pahham – Shutterstock.com. **30.2:** mauritius images / Alamy. **30.3:** mauritius images / Bernd Ritschel. **30.4:** © Ilike – Shutterstock.com. **31.1:** © Ilike – Shutterstock.com. **31.2:** © MANDY GODBEHEAR – Shutterstock.com. **31.3:** © Suzanne Tucker – Shutterstock.com. **31.4:** SZ-Photo / Haas, Robert. **32.1:** Johann Jilka, Altenstadt. **33.2:** mauritius images / Alamy. **34 Spinne:** © Detlev Habicht – Fotolia.com. **34 Schwitzkasten:** imago/Niehoff. **34 Junge erhobene Hand:** © Suzanne Tucker – Shutterstock.com. **34 Mädchen erschrocken:** © Alexander Trinitatov – Shutterstock.com. **34 Ball auf Kellertreppe:** © Suzanne Tucker – Shutterstock.com. **34 Junge im Schulhof:** mauritius images / age. **34 Mädchen und Teddy auf Kellertreppe:** © Kati Neudert – Shutterstock.com. **34 Zahnarzttermin:** © Pressmaster – Shutterstock.com. **34 Mädchen unter Bettdecke:** imago/Niehoff. **34 Gewitter:** © Yuri Davidov – Fotolia.com. **42.1:** © Oldenbourg Schulbuchverlag GmbH. **42.2:** iStockphoto.com. **42.3:** © Ivan Montero Martinez – Shutterstock.com. **42.4:** © ZDF. **43.1:** © Voronin76 – Shutterstock.com. **43.2:** © fdenb – Shutterstock.com. **43.3:** © loops7 – iStockphoto.com. **44 PC:** © 300dpi – Shutterstock.com. **44 Radio:** © Julián Rovagnati – Fotolia. **44 Fußballfeld:** © Kittichai – Shutterstock.com. **44 Trikot:** © Bombaert Patrick – Shutterstock.com. **45 Junge:** © Gladskikh Tatiana – Shutterstock.com. **45 Buchcover:** aus: Franz S. Sklennitzka / Das will ich wissen – Fußball, Illustrationen von Michael Bayer © 2006 Arena Verlag GmbH, Würzburg. **45 Drucker:** © vasabii – Shutterstock.com. **45 Fußballmannschaft:** © Fotokostic – Shutterstock.com. **45 Torwart:** © Peter Bernik – Shutterstock.com. **45 Stollenschuhe:** © Alexander Mak – Shutterstock.com. **46 v.l.o.n.r.u.:** alle iStockphoto.com: © abdulrasak kallukettil. © michael langley. © Alexander Kuzovlev. © Ad van Brunschot. © Kheng Guan Toh. © Agisilaou & Spyrou. © AGITA LEIMANE. © Yuriy Brykaylo. © igorr1. © Laila Røberg. © Jozsef Szasz-Fabian. © Elena Romanov. © LianeM. © Katharina_B. © Monika Wisniewska. © Elena Solodovnikova. © dibrova. © Dmitry Naumov. © Hedda Gjerpen. © OCAR MANUEL LOPEZ SANCHEZ. **47 v.l.o.n.r.u.:** alle iStockphoto.com: © Andesign101. © Maris Olsteins. © Jeffrey Rauch. © Bernhard Richter. © Alfred Emmerichs. © AbbieImages. © Dario Egidi. © dominiquelandau. © ahavelaar. © Laks-Art. © Robert Keenan. © agcuesta. © anne greenwood. © Snezana Negovanivic. © Denis Pogostin. © Volker Rauch. © Matthew Cooper. © Prill Mediendesign & Fotografie. © Prill Mediendesign & Fotografie. © matthewennisphotography. **48/49:** aus: Anke M. Leitzgen, Lisa Rienermann, Entdecke, was dir schmeckt © 2012 Beltz & Gelberg in der Verlagsgruppe Beltz, Weiheim/Basel. **50/51:** © aid infodienst, www.aid.de. **52.1-3:** Johann Jilka, Altenstadt. **52.4–6:** © Uwe Wittbrock – Fotolia.com. **53.1-3:** Johann Jilka, Altenstadt. **54.1–2:** Jessica Weigelt, Burgau. **54.3:** Johann Jilka, Altenstadt. **54.4–6/55.1–3:** Bernd Duschek, Gundelfingen. **56.1–2:** mauritius images / Alamy. **56.3:** mauritius images / Marina Raith. **56.4:** mauritius images / ib / uwe umstätter. **57.1:** Corbis/Kid Stock/Blend Images. **57.2:** Jessica Weigelt, Burgau. **57.3:** imago/blickwinkel. **58 l.v.o.n.u.:** mauritius images / age. Johann Jilka, Altenstadt. © servantes – Shutterstock.com. Johann Jilka, Altenstadt. mauritius images / André Pöhlmann. mauritius images / ib. mauritius images / STOCK4B. **58 m.l./58 m.r./58 u.l.:** Johann Jilka, Altenstadt. **59 l./59 m./59 u.** Johann Jilka, Altenstadt. **59 r.v.o.n.u.:** Johann Jilka, Altenstadt. mauritius images. mauritius images / age. © Maciej Bledowski – Shutterstock.com. mauritius images / Heide Kratz. mauritius images / Alamy. mauritius images. Johann Jilka, Altenstadt. **60.1:** Getty Images / The Image Bank. **60.2:** Elisabeth Mitterwallner, München. **61.1:** Johann Jilka, Altenstadt. **61.2:** picture-alliance / Frank Leonhardt dpa/lby. **61.3:** © Dmitrydesign – Shutterstock.com. **61.4:** © ETIENjones – Shutterstock.com. **61.5:** © Pavel L Photo and Video – Shutterstock.com. **61.6:** © saichol chandee – Shutterstock.com. **61.7** © Image Point Fr – Shutterstock.com. **62.1:** © greenland – Shutterstock.com. **62.2:** © Michelle D. Milliman – Shutterstock.com. **62.3:** © Rob Marmion – Shutterstock.com. **62.4:** Ute Busche, München. **63.1:** Johann Jilka, Altenstadt. **63.2:** Jessica Weigelt, Burgau. **65.u.:** Aus: Doris Rübel, WIESO? WESHALB? WARUM? WIR ENTDECKEN UNSEREN KÖRPER © 2012 by Ravensburger Buchverlag Otto Maier GmbH, Ravensburg. **66:** © Thomas M Perkins – Shutterstock.com. **67:** © rmnoa357 – Shutterstock.com. **68 v.l.n.r.:** mauritius images / United Archives / McPhoto. mauritius images/Alamy. mauritius images/cultura. Johann Jilka, Altenstadt. **69.1:** © Vetea TOOMARU – Fotolia.com. **69.2:** © enciktat -Shutterstock.com. **69.3:** © Ryan Rodrick Beiler – Shutterstock.com. **70.1–3:** Johann Jilka, Altenstadt. **71.1:** mauritius images / Fiona Fergusson. **71.2:** mauritius images / Jiri Hubatka. **71. 3:** © Monkey Business Images – Shutterstock.com. **71.4:** © stefanolunardi – Shutterstock.com. **72/73:** F1 online. **72.1 + 72.7:** © Fyletto – iStockphoto.com. **72.2:** © Studio 37 – Shutterstock.com. **72.3:** © Alan_Lagadu – iStockphoto.com. **72.4 + 72.6:** © blende10 – iStockphoto.com. **72.5:** mauritius images / Alamy. **72.6:** © blende10 – iStockphoto.com. **72.8:** © AndreasWeber – iStockphoto.com. **72.9 + 73.3:** ddp images / Joerg Hemmer. **72.10:** © Coica – iStockphoto.com. **73.1:** © Thomas Pavelka – Shutterstock.com. **73.2:** mauritius images / ib imagebroker / Elisabeth Schmidbauer. **73.4:** mauritius images / ib imagebroker / Christian Hütter. **73.5:** © Coprid – iStockphoto RF. **73.6:** iStockphoto.com. **73.7:** iStockphoto.com. **73.8:** © Whiteway – iStockphoto.com. **73.9:** mauritius images / ib imagebroker / jspix. **73.10:** mauritius images / ib imagebroker / Christian Hütter. **74.1:** © rocherka – iStockphoto.com. **74.2:** © AntiMartina – iStockphoto.com. **74.3:** © Sjo – iStockphoto.com. **74.4:** mauritius images / ib imagebroker / Helmut Meyer zur Capellen. **74.5:** © Whiteway – iStockphoto.com. **74.6:** © AntiMartina – iStockphoto.com. **75.1:** © schokobonbons – iStockphoto.com. **75.2:** © Whiteway – iStockphoto.com. **75.3:** mauritius images / Alamy. **75.4:** © RobertHoetink – iStockphoto.com. **75.5:** © mb-fotos – iStockphoto.com. **75.6:** © Mantonature – iStockphoto.com. **76.1:** © Vahan Abrahamyan – Shutterstock.com. **76.2:** © motorolka – Shutterstock.com. **78.1:** © mayakova – Shutterstock.com. **78.2:** © Nils Z – Shutterstock.com. **78.3:** © bergamont – Shutterstock.com. **78.4:** © matka_Wariatka – Fotolia.com. **78.5:** Monika Kollmaier, Passau. **79.1:** © Studio 37 – Shutterstock.com. **79.2:** © Dirk Ercken – Shutterstock.com. **79.3:** © LianeM – Shutterstock.com. **79.4:** © Grigorii Pisotsckii – Shutterstock.com. **79.5:** ddp images / Peter Himmelhuber. **79.6:** mauritius images / ib image broker. **80/81:** © Alfonso Cacciola – iStockphoto.com. **80.1:** dpa Picture-Alliance / Klett GmbH / Aribert Jung. **80.2:** imago/blickwinkel. **80.3:** mauritius images / Alamy. **81:** © Pauline S Mills – iStockphoto.com. **82.1 l.v.o.n.u.:** alle Shutterstock.com: © Eric Isselee. © Grimplet. © sauletas. © Marcin Pawinski. © Kruglov_Orda. **82 u.r.:** © mradlgruber – Shutterstock.com. **83.1:** © DirkR – Fotolia.com. **83.2:** © PHOTO FUN – Shutterstock.com. **83.3:** © lukko – Shutterstock.com. **83.4:** © Tomas Pavelka – Shutterstock.com. **84/85:** © Vladimir Sazonov – Shutterstock.com. **84.1:** © Vladitto – Shutterstock.com. **84.2:** © Ralf Kleemann – Shutterstock.com. **84.3:** © Catalin Petolea – Shutterstock.com. **84.4:** © Kostenko Maxim – Shutterstock.com. **85.1:** © @laurent – iStockphoto.com. **85.2:** © Tischenko Irina – Shutterstock.com. **85.3:** © Alexey Laputin – Shutterstock.com. **85.4:** © travellight – Shutterstock.com. **86/87:** Monika Kollmaier, Passau. Ute Busche, München. **86.1,3,5:** Monika Kollmaier, Passau. **86.4:** © BestPhotoPlus – Shutterstock.com. **86.u.l.:** Tanja Kollmaier, Passau. **87.1,3:** Monika Kollmaier, Passau. **87.4:** © @laurent – iStockphoto.com. **87.5:** © Carola Vahldiek – Fotolia.com. **87.u.r.:** Tanja Kollmaier, Passau. **88.1:** © xpixel – Shutterstock.com. **88.2:** © silvioheidler – Fotolia.com. **88.3:** © Creative-Nature. nl – Shutterstock.com. **89.1:** © ted007 – Fotolia.com. **89.2:** © blaustern – Fotolia.com. **89.3:** © Florian Schmidt – Fotolia.com. **90.1:** mauritius images / Alamy. **90.2:** mauritius images / Alamy. **90.3:** © Martin Fowler – Shutterstock.com. **90.4:** © Photoshot. **91.1:** © Whirler – iStockphoto.com. **91.2:** © Whiteway – iStockphoto.com. **92:** © VICUSCHKA – Fotolia.com. **93.1:** © Valentin Kolesnicov – Shutterstock.com. **93.2:** action press / REX FEATURES LTD. **96/97:** © Nadina – Shutterstock.com. **100.1:** © Chevalier Virginie/Oredia / mauritius images. **100.2:** mauritius images / Alamy. **100.3:** mauritius images / Alamy. **100.4:** © Tania Kolinko – Shutterstock.com. **104.1:** akg images / Science Photo Library. **104.2:** © Rue des Archives / Collection CSFF/Süddeutsche Zeitung Photo. **104.3:** © Anastassija Archipowa. **105.1:** mauritius images / United Archives. **105.2:** KPA Archival Collection / United Archives / SZ Photo. **105.3:** © Rue des Archives / RDA/SZ Photo. **106:** © Studio 100 Animation/ASE Studios, TM Studio 100, www.wickie.tv, www.studio100.eu. **107.1–3:** © BRIDGEMANART.COM. **107.4:** © Ted Spiegel/CORBIS. **107.5:** culture-images/ uig/Werner Forman. **107.6:** Bahnmüller / INTERFOTO. **107.7:** picture-alliance / Prisma Archiv. **108/109:** Monika Kollmaier, Passau. **111/112:** Monika Kollmaier, Passau. **114/115 o.+m.:** Monika Kollmaier, Passau. **114 u.l.:** © joppo – Shutterstock.com. **114 u.r.:** © design 56 – Shutterstock.com. **115 u.1.:** © S-F – Shutterstock.com. **115 u.2.:** © Fetullah Mercan – Shutterstock.com. **115 u.3.:** © Mein Name – Fotolia.com. **115 u.4.:** © stockphoto – Fotolia.com. **115 u.5.:** © Andre Bonn – Fotolia.com. **115 u.6.:** © cretolamna – Fotolia.com. **116/117:** Monika Kollmaier, Passau. **120.1–3:** Shutterstock.com: © Ikonoklast Fotografie. © mattomedia. © kazoka. **120.u.r.:** Nils Görner, Neuburg/Inn. **121.1–3:** Shutterstock.com: © Monkey Business Images. © Vasily Smirnov. © Dmitry Kalinovsky. **121.u.l.:** Lola Bartle, München. **121.u.r.:** Anica Nikic, Passau. **122.1:** Juniors Bildarchiv/WILDLIFE/M.Harvey. **122.2:** Mauritius images / Alamy. **122.3–10:** alle shutterstock.com: © racorn. © Susan Stevenson. © Winai Tepsuttinun. © MNI. © LittleStocker. © Sergey Ash. © exopixel. © Zyphyrus. **122.11–15/123/124.1, 3, 5, 6:** Monika Kollmaier, Passau. **124.2:** © Jun Li – Shutterstock.com. **124.4:** © Bogdan Wankowicz – Shutterstock.com.**124 u.v.l.n.r.:** © meunierd – Shutterstock.com. GlowImages / ImagebrokerRM. © Jeanette Dietl – Fotolia.com. © 77SG – Fotolia.com. © Goran Bogicevic – Shutterstock.com. © Tree4Two – iStockphoto.com. **125:** © Malgorzata Kistryn – Shutterstock.com. **126/127 o.:** © Günter Gräfenhain/Schapowalow. **126 m.:** © Adam Dufek – Shutterstock.com. **126.u.:** picture-alliance / SZ Photo. **127 m.l.:** © mojolo – Fotolia.com. **127 m.m.:** © Heiner Witthake – Fotolia.com. **127 m.r.:** © Ichbins11 – Fotolia.com. **127 u.:** mauritius images / Alamy. **128 o.l, u.l.:** Monika Kollmaier, Passau. **128 o.r:** Johann Jilka, Altenstadt. **129:** Monika Kollmaier, Passau. **132:** Johann Jilka, Altenstadt: **133 o.v.l.n.r.:** alle shutterstock.com: © Roman Sigaev. © Vitaly Korovin. © Africa Studio. © Jakkrit Orrasri. © Lucie Lang. © Garsya. © Smokedsalmon. © Diana Taliun. **133.m:** Johann Jilka, Altenstadt. **136 Sammelstelle:** © funnymike1108 – Fotolia.com. **136 Rettungsweg:** © Aintschie – Fotolia.com. **136 Rauchmelder:** © Bertold Werkmann – Fotolia.com. **136 Hydrant:** © koi88 – Shutterstock.com. **136 Rettungstreppe:** Ute Busche, München. **136 Feuermelder:** © Wolfgang Jargstorff – Fotolia.com. **136 Rauchabzug:** Ute Busche, München. **136 Feuerlöscher:** © Stefan Müller – Fotolia.com. **137 o.** Simon Valdix, Illertissen. **138:** © Stefanos Kyriazis – Fotolia.com. **139.1:** Johann Jilka, Altenstadt. **139.2:** action press / STOCKFOTO. **140 o.l.:** © eyetronic – Fotolia.com. **140 o.m.l.:** © Nik – Fotolia.com. **140 o.m.r.:** © Mikheyev Viktor – Shutterstock.com. **140 o.r.:** © Nik – Fotolia.com. **140 m.l.:** © paul prescott – Shutterstock.com. **140 m.m:** © Thanadech Panasamporn – Shutterstock.com. **140 m.r.:** © monticello – Shutterstock.com. **140 u.l.:** © Lightspring – Shutterstock.com. **140 u.m.l.:** © audaxl – Shutterstock.com. **140 u.m.r.:** © Madlen – Shutterstock.com. **140 u.r.:** © mubus7 – Shutterstock.com. **141:** Monika Kollmaier, Passau. **144 o + m:** Johann Jilka, Altenstadt. **144 u.:** © Adam Gryko – Shutterstock.com. **145.1–3:** Johann Jilka, Altenstadt. **145.4–6:** Elisabeth Mitterwallner, München. **146.1–3:** Shutterstock.com: © Dragon Images. © elxeneize. © JonMilnes. **146.4:** © AnsonLu. – iStockphoto.com. **146.5:** © silver-john – Shutterstock.com. **146 u.:** Johann Jilka, Altenstadt. **147.1–4:** shutterstock.com: © Fotokostic. © Aleksandr Markin. © Otmar Smit. © Gabriele Maltinti. **148:** alle Shutterstock.com: **Schnee:** Igor Kovalchuk. **Blitz:** © lafoto. **Pfützen:** © haraldmuc. **Nebel:** © Bikeworldtravel. **Sonnenschein:** © Iancu Cristian. **150.1:** © hjschneider – Shutterstock.com. **150.2:** © Belphnaque – Fotolia.com. **150.3:** © Darja Mönke – Fotolia.com. **150.4:** © Martina Berg – Fotolia.com. **150.5:** © Barry Blackburn – Shutterstock.com. **151.1:** © Foimmz – Fotolia.com. **151.2:** © senoldo – Fotolia.com. **151.3:** WetterKontor.de. **151.4:** picture-alliance / M. i. S. – Sportp. **151.5:** WAS IST WAS Band 007, Titel: Das Wetter, Tessloff Verlag Nürnberg. **151.6:** mauritius images / Alamy. **151.7:** iStockphoto.com. **152.1:** Okapia / B. Borrel / Bios. **152.2:** mauritius images / Alamy. **152.3:** Juniors Bildarchiv / WILDLIFE / P. Hartmann. **152.4:** © sezer66 – iStockphoto.com. **153:** © borchee – iStockphoto.com. **155.1:** © Henrik_L – iStockphoto.com. **155.2:** © Henrik Larsson – iStockphoto.com. 155.3: © Arto Hakola – Shutterstock.com.

Textquellenverzeichnis

43: Feuerland, Laura: Am Muttertag ist die Mutter das Wichtigste. Oldenbourg Schulbuchverlag, München 1997. **50/51:** Albermann, Hildegard: Aufstehen! Setzen! ... Aus: Fips & Co. Mein erstes Lesebuch. Oldenbourg Schulbuchverlag, München 2009. **57:** Steinwart, Anne: Ich. Aus: Reiner Engelmann (Hrsg.): Da haben zwei Katzen gesungen. Carlsen Verlag, Hamburg 1992. **65:** Gesundheits-Rock. Text und Musik: Lorenz Maierhofer © Helbling, Innsbruck-Esslingen-Bern/Belp **71:** Sommer-Bodenburg, Angela: Ich lieb dich trotzdem immer. Middelhauve Verlag, Köln 1982. **153:** Zahn, Erika: Ameisen-Gekrabbel. Aus: Das Lesebuch 4. Bayerischer Schulbuch-Verlag, München 1996.

Materialtisch

Das findest du dort:

- Bleistifte, Buntstifte, dicke Filzstifte, Wachsmalstifte
- Papier in verschiedenen Größen und Farben
- Papier- und Tapetenrollen
- Schreibblöcke
- Kleber
- Scheren
- Klebeband

Alleine arbeiten

Ziel: die Antwort auf eine Frage allein finden, die Aufgabe allein lösen

So verhalte ich mich:

- Ich bin leise und konzentriere mich.
- Ich denke in Ruhe nach.

So mache ich es:

- Ich lese die Aufgabe genau durch.
- Ich bearbeite die Aufgabe.
- Ich kontrolliere meine Arbeit.

Mit dem Partner arbeiten

Ziel: zu zweit eine Antwort auf eine Frage finden, zu zweit ein Problem lösen

So verhalte ich mich:

- Ich schaue meinen Partner an.
- Ich flüstere mit meinem Partner.
- Ich höre meinem Partner aufmerksam zu.
- Ich denke mit.
- Ich lasse auch die Ideen von meinem Partner zu.

So machen wir es:

- Wir lesen die Aufgabe noch einmal.
- Wir klären, ob wir beide alles verstanden haben.
- Wir bearbeiten die Aufgabe zu zweit.
- Wir einigen uns auf eine Lösung.
- Wir überlegen, wie wir unsere Lösung vorstellen wollen.

In der Gruppe arbeiten

Ziel: in der Gruppe eine Antwort finden, gemeinsam ein Problem lösen

So verhalte ich mich:

- Ich schaue meine Partner an.
- Ich flüstere mit meinen Partnern.
- Ich höre aufmerksam zu.
- Ich denke mit.
- Ich lasse auch die Ideen von meinen Partnern gelten.

So machen wir es:

- Wir verteilen die Aufgaben (Wer ist Leser? Wer ist Redner? …).
- Wir lesen noch einmal genau, was zu tun ist.
- Wir klären, ob wir alle die Aufgabe verstanden haben.
- Wir bearbeiten unsere Aufgabe in der Gruppe.
- Wir einigen uns auf eine Lösung.
- Wir überlegen gemeinsam mit dem Redner, wie er unsere Lösung vorstellen kann.
- Der Redner trägt unsere Lösung vor.